ぜんいち&マイッキーとまなぶ

まいぜんシスターズの都道府県

JN195558

監修／長谷川康男

はじめに

　小学校4年生になると、社会科の授業で日本全国47都道府県の勉強をするよ。いろいろな県の名前やその県が日本のどこにあるか、自分がすんでいる県の土地や気候の特色はどうか、人びとはどんな仕事をしてどのような物をつくってくらしているかなどを、地図帳やグラフなどの資料で学ぶんだ。

　自分がいったことのない県のことを知るって、とても楽しいよね。でも、4年生になってから、「それっ47都道府県を覚えるぞ」というのではなく、社会科の勉強がはじまる3年生のころから、自分のくらし、日常生活と関連させて学ぶといいよ。

　たとえば、こんなふうに。

" おじいちゃん、おばあちゃんのいる山形県では、ぼくの好きなサクランボが日本一多くとれているんだ。どうりでおいしいと思った。ほかにもラ・フランスや芋煮会も日本一なんだね。食いしん坊には最高にいい県だ。"

"私が夏休みの家族旅行でいった青森県は、ねぶた祭りが迫力満点だったけど、りんごが日本一とれているところなんだ。近くには世界遺産の白神山地もあるんだって。今度いってみたいな。"

"ママとスーパーにいってミカンを買ったら、愛媛県産と書いてあった。愛媛県はどこにあるのかと思って家に帰ってこの本を見たら、四国だったよ。あんなに遠いところから運ばれてきたんだね。小説の『坊つちやん』に出てくる日本一古い道後温泉があって、聖徳太子も入ったんだって。温泉でミカン、最高だね。"

こうやって、日常生活のなかで自分と関連づけて具体的に学ぶといいよ。しぜんに頭に入ってきて、知らず知らずのうちに 47 都道府県の位置や特色をかなり覚えられる。みんなのくらしと全国の都道府県は、どんなふうにつながっているかな? さあ、ページをめくってみよう!

長谷川康男

もくじ

この本の楽しみ方

みんなは、自分のすんでいる地域のこと、どれくらい知っているかな？
日本は「北海道」「本州」「四国」「九州」という4つの大きな島を中心に、
47の「都道府県」に分かれているよね。そして、その47の都道府県は、
いくつかの大まかな「地方」に分けられているんだ。この本では、み
んながすんでいる都道府県の特ちょうを、地方ごとに紹介していくよ！

日本は大小の島の集まり
だから「日本列島」と
よぶこともあるね

北海道

北海道・東北
地方

中部地方

中国地方

本州

関東地方

四国

近畿地方

九州

四国地方

九州地方

地方の分け方は
いくつかパターンが
あるんだって
おもしろいねー

ページの見方 <small>みかた</small>

位置情報 <small>いちじょうほう</small>
その都道府県の<small>とどうふけん</small>それぞれの地方<small>ちほう</small>の中<small>なか</small>での位置<small>いち</small>。

基礎データ <small>きそ</small>
その都道府県の広さや<small>とどうふけん ひろ</small>人口<small>じんこう</small>、シンボルなどの基本的なデータ<small>きほんてき</small>。

ざっくり解説 <small>かいせつ</small>
その都道府県の地形や<small>とどうふけん ちけい</small>なりたちなどの大まか<small>おお</small>な特ちょう<small>とく</small>。

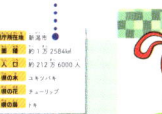

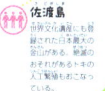

見どころ紹介 <small>み しょうかい</small>
その都道府県の<small>とどうふけん</small>知っておきたい見どころや産業、文<small>し み さんぎょう ぶん</small>化などを、下<small>か した</small>の7つのテーマに分けて紹介している<small>わ しょうかい</small>。「！」がついているものは、右<small>みぎ</small>のページでさらにくわしく解説している<small>かいせつ</small>。

 自然や地形について

水産業、農業、畜産業について

 商業、工業について

伝統や文化、行事について

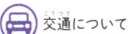 交通について

歴史について

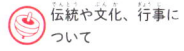 社会やくらしについて

はみだし豆知識 <small>まめちしき</small>
その都道府県にまつわ<small>とどうふけん</small>る豆知識<small>まめちしき</small>。

見どころ解説 <small>み かいせつ</small>
その都道府県の見どこ<small>とどうふけん み</small>ろの中で、まず知って<small>なか し</small>おきたいものを、くわしく解説している<small>かいせつ</small>。

日本の地方が わかったら いよいよ 各地方の都道府県を 見ていくよ！

みんなで日本を 旅するみたいだね！ 楽しみー！

この本で紹介しているデータについて

本書に掲載している情報は、2025年1月現在のものです。発行後に変更になる場合があります。また、本書内で紹介しているデータは、巻末に記載した「主な参考文献」にくわえ、総務省統計局、国土交通省国土地理院の資料に基づいています。

北海道・東北地方

日本の北部の地域。
自然の恵みが豊かで、
日本の食をささえる
農業や水産業が
さかん。

北海道

◎ 札幌市

北にあるってことは
寒いのかな？

◎ 青森市
青森県

◎ 秋田県

秋田県

岩手県

◎ 秋田市

◎ 盛岡市

山形県　宮城県

◎ 山形市　◎ 仙台市

◎ 福島市
福島県

食料生産をささえる
日本最大、最北端の地！

ほっかいどう
北海道

道庁所在地	札幌市
面積	約8万3422km²
人口	約509万2000人
道の木	エゾマツ
道の花	ハマナス
道の鳥	タンチョウ

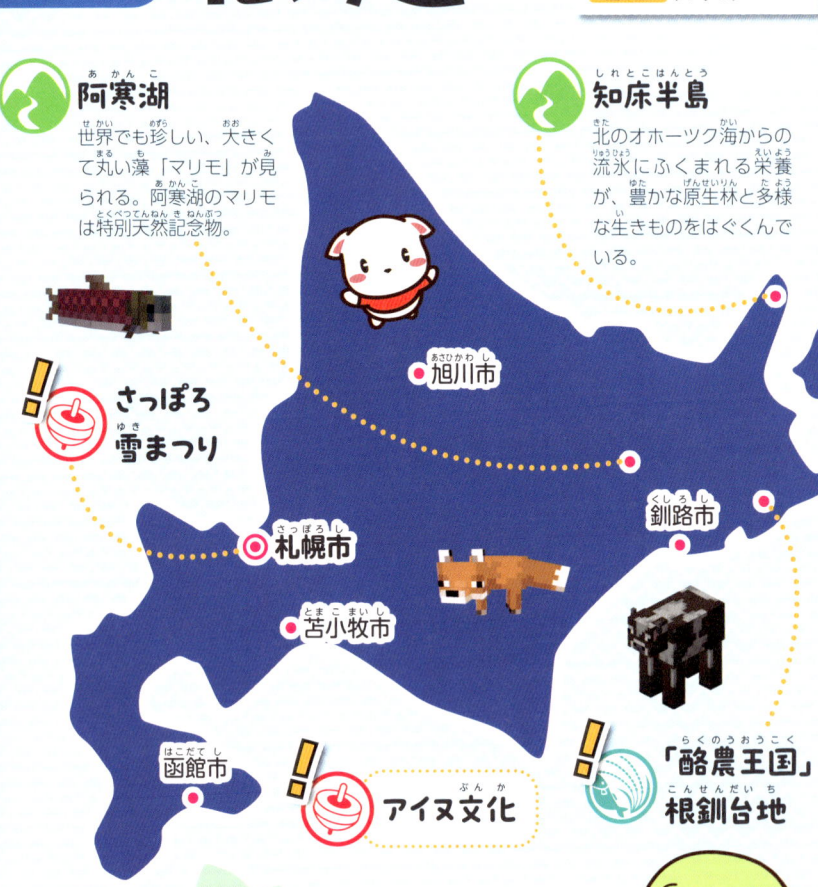

阿寒湖
世界でも珍しい、大きくて丸い藻「マリモ」が見られる。阿寒湖のマリモは特別天然記念物。

知床半島
北のオホーツク海からの流氷にふくまれる栄養が、豊かな原生林と多様な生きものをはぐくんでいる。

さっぽろ雪まつり

アイヌ文化

「酪農王国」根釧台地

旭川市
釧路市
札幌市
苫小牧市
函館市

酪農って、牛乳をつくったりするんだよね
ぼく、牛乳大すき！

日本で生産される生乳の半分以上が北海道産！ ちなみに、生乳からつくられるチーズの生産量もトップクラスなんだよ。

明治時代以前は「蝦夷地」とよばれ、アイヌの人びとがくらしていたんだ。明治時代に開拓が進んで、農林水産業が発達したんだって。

「酪農王国」根釧台地

根室から釧路に広がる台地で、面積は東京都の2倍以上。火山灰の土で気温も低く稲作には不向きなため、酪農がさかん。台地にまたがる別海町には人口の約7倍もの牛がおり生乳生産量日本一。

北海道の冷風から野菜や牛を守るための格子状の防風林がつくられている。

さっぽろ雪まつり

札幌の大通公園などで開催される2月の名物イベント。大小の雪像や氷像がならび、大きいものは15mにもなる。

アイヌ神話をテーマにした大雪像。

アイヌ文化

アイヌ民族は、明治時代に政府によって日本人に同化させられた先住民族。あらゆるものにカムイ（神）が宿ると考え、自然に感謝する儀式をおこなう。独自の文化をのこす努力をしており、刺繍入り布製品や木彫りの工芸品が人気。

アイヌの人たちが使う「アイヌ語」には文字が無くて、口伝えで歴史や文化を語り継いできたんだって！ ちなみにアイヌ語では、アイヌは「人間」という意味！

本州の最北に位置する
りんごの一大生産地！

青森県
（あおもりけん）

県庁所在地	青森市
面積	約 9645km²
人口	約 118 万 4000 人
県の木	ヒバ
県の花	りんごの花
県の鳥	ハクチョウ

青函トンネル
北海道と本州をつなぐ海底トンネル。公共交通機関のトンネルとしては、長さ日本一。

「黒いダイヤ」大間マグロ
北海道と青森県のあいだにある津軽海峡でとれる天然のクロマグロは「大間マグロ」というブランド食材。

青森ねぶた祭

三内丸山遺跡
約 5900 ～ 4200 年前の縄文時代の遺跡で、日本最大規模。世界文化遺産に登録されている。

りんご生産量
日本一

● 青森市

弘前市

十和田市

八戸市

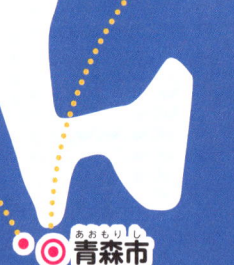

白神山地

りんごだけじゃなく
にんにくの生産量も
日本一なんだって！

青森県は県の木・花・鳥に加えて「県の魚」を定めているよ。それは「ひらめ」！ 水揚げ量は日本トップクラスなんだって。

本州のいちばん北にある県だよ。夏が短く冬が長い気候に適した農産物の生産がさかんで、りんごの生産量は日本一！

 青森ねぶた祭

青森市で8月におこなわれる青森県最大のまつり。七夕まつりの灯篭流しの変形といわれる。神話や歴史上の人物をテーマにした巨大な灯籠（ねぶた）が巡行する。「弘前ねぷたまつり」「五所川原立佞武多」も有名。

大型ねぶたは、台車もふくめると、大きいもので高さ約5mにもなる。

 りんご生産量 日本一

日本のりんごの約60％が青森県産。寒さに強い「ふじ」をはじめとして、約50品種が栽培されている。生産の中心地である弘前市には、アップルパイをつくる店が40店以上もある。

 白神山地

青森県から秋田県にまたがる山地で、世界自然遺産。世界最大級のブナの原生林が貴重な動植物をはぐくむ。

ブナの寿命は300年ともいわれ、人の手が入らない山中には巨大なブナの木も。

ねぶた祭の大きな灯籠を指す「ねぶた」は、「眠り」が語源ともいわれているんだって。ちなみに、青森では「ねぶた」、弘前では「ねぷた」というよ。

北海道に次ぐ広さをもつ
歴史と文化、養殖業の県

岩手県

県庁所在地	盛岡市
面積	約1万5275km²
人口	約116万3000人
県の木	ナンブアカマツ
県の花	キリ
県の鳥	キジ

南部鉄器

砂鉄や木炭などが豊富にとれたので、それらをつかった鉄器の生産でさかえた。

ホップの生産地

ビールの原料のひとつ、ホップの生産量が日本一。とくに遠野市は「ホップの里」としても有名。

宮沢賢治

『注文の多い料理店』などで知られる詩人・作家の宮沢賢治は花巻市で生まれた。

遠野

◎ 盛岡市

花巻市

遠野市

ワカメの生産量と消費量がどっちもトップクラスなんだって！

奥州市

一関市

平泉

リアス海岸

盛岡市と奥州市を中心につくられる南部鉄器。この名前は、江戸時代に盛岡をおさめた「南部氏」からきているらしいよ！

西部の奥羽山脈、東部の北上高地にはさまれた北上盆地では米づくりがさかんだけど、夏にふく「やませ」という冷たい風が冷害をおこすことも！

 平泉

平安時代末期に一帯をおさめた奥州藤原氏の本拠地。戦乱のあと、この世に極楽浄土をつくろうと中尊寺や毛越寺などを建立した。これらの遺跡や建築は世界文化遺産。金箔でおおわれた中尊寺金色堂は必見だ。

中尊寺の一角に金色堂があり、その中には奥州藤原氏の三代の当主のなきがらが安置されている。

 遠野

地域の民話を集めた柳田国男の『遠野物語』が有名。カッパやザシキワラシに出会えそうな美しい里山の風景が広がる。

『遠野物語』に登場するカッパが住んでいるという伝説がある「カッパ淵」。

 リアス海岸

青森・岩手・宮城の3県にまたがる三陸海岸は、複雑に入りくんだ「リアス海岸」で有名。沖で親潮と黒潮がぶつかるため栄養が豊富で、ワカメやカキなどの養殖がさかん。

 県名「岩手」の由来は、悪行をはたらいた鬼が神さまにこらしめられ、改心したあかしとして岩に手形をつけたから、という説があるんだって！

伊達政宗が発展させた
東北地方の行政・経済の中心

宮城県

県庁所在地	仙台市
面積	約 7282km²
人口	約 226 万 4000 人
県の木	ケヤキ
県の花	ミヤギノハギ
県の鳥	ガン

仙台平野

気仙沼漁港

気仙沼市

登米市

大崎市

石巻市

仙台七夕まつり
旧暦の七夕にあたる8月に開催され、くす玉つきの巨大な吹き流しがかざられる。東北三大祭りのひとつ。

仙台市

松島
日本三景のひとつ。松島湾を中心とする 260 以上の島がつくりだす絶景は、俳人の松尾芭蕉もその美しさをたたえた。

仙台城

名取市

こけし
鳴子こけし、遠刈田こけし、弥治郎こけしなど、5つの系統の伝統こけしがつくられている。

気仙沼漁港では、サメがたくさんとれて、フカヒレやカマボコにするんだって！ おいしそう！

宮城県はシカを「県の獣」と定めているよ。一方、シカのイメージが強い奈良県では、県のシンボルとしては採用していないんだ。

戦国武将の伊達政宗の時代に東北最大の「仙台藩」がつくられ、仙台城の城下町を中心に発展したよ。現代では東北地方で最大の人口をほこるんだ！

仙台城

青葉城ともよばれる伊達政宗の城。仙台市街の青葉山にあり、天守はないが石垣や政宗騎馬像がむかえてくれる。

仙台城跡に立つ伊達政宗騎馬像。

仙台平野

北上川と阿武隈川の下流に発達した平野で、日本有数の米どころ。冷害に強くおいしい品種「ひとめぼれ」や「ササニシキ」「だて正夢」が開発された。丘陵地では野菜やナシ・モモなどの果物が栽培されている。

気仙沼漁港

カツオ・メカジキ・サメの漁獲量と、中華料理の高級食材フカヒレの生産量が日本一。リアス海岸にある天然の良港で、古くから沖合・遠洋漁業の船が全国から集まる重要な港。

漁は日没から明け方にかけて行われ、朝5時に魚市場に新鮮な魚が並べられる。

名取市は東北一のカーネーションの産地。2011年の東日本大震災による津波で花畑やハウスが流された翌年の春にも花を咲かせ、みんなを元気づけたんだ。

豪雪にも負けずに 息づく伝統と米づくり！

秋田県

県庁所在地	秋田市
面積	約1万1638km²
人口	約91万4000人
県の木	秋田杉
県の花	ふきのとう
県の鳥	やまどり

八郎潟

田沢湖

深さ423.4mの日本一深い湖。永遠の美をもとめて竜にかわってしまった辰子という娘が、この湖の主になったという伝説がのこる。

なまはげ

● 男鹿市

米どころ

きびしい寒さに耐えられるよう品種改良された「あきたこまち」や、ごはんを串にまきつけて焼いた郷土料理「きりたんぽ」が有名。

秋田竿燈まつり

◎ 秋田市

「秋田犬」って
天然記念物なんだって！
読み方は「あきたけん」
じゃないからね！

大仙市 ●

横手のかまくら

雪でつくった家に神をまつって健康や豊作を願う行事が、本来の「かまくら」。横手市にはこの習わしがのこる。

● 横手市

 なまはげという名前の由来は「囲炉裏でぬくぬく怠けていてできたナモミ（斑点）をはぎ取っちゃうぞ！」というもの。怖っ！

北の白神山地、東の奥羽山脈、西の出羽山地という山やまにかこまれ、雪がたくさんふる豪雪地帯。そんな気候にはぐくまれた伝統文化や農業・林業が有名だよ。

なまはげ

男鹿半島の伝統行事。大みそかの夜、男たちがおそろしい仮面をつけ「なまけ者はいねが。泣く子はいねが」と家いえをまわる。なまはげは鬼や妖怪ではなく、福をもたらす神とされる。

なまはげが家に来たら、お酒とご馳走を振る舞い、満足させて追い返す。

秋田竿燈まつり

竹竿に提灯をつるした竿燈を「差し手」があやつる、厄除け・豊作を願う祭り。竿燈と提灯は稲と米俵をあらわす。

竿燈は大きいものだと長さ12m、重さ50kgにもなる。

八郎潟

もとは琵琶湖の次に大きい湖だったが、第二次世界大戦後の食糧不足から、水を抜き陸地にする「干拓」をおこない、大部分が農地になった。現在ではブランド米「あきたこまち」などの生産地。

「秋田竿燈まつり」と青森の「青森ねぶた祭」、宮城の「仙台七夕まつり」をあわせて、「東北三大祭り」とよばれているよ。

川の流れがはぐくんだ
「赤い宝石」とブランド米

山形県（やまがたけん）

県庁所在地（けんちょうしょざいち）	山形市（やまがたし）
面積（めんせき）	約 9323km²
人口（じんこう）	約 102万6000人（にん）
県の木（けんのき）	サクランボ
県の花（けんのはな）	ベニバナ
県の鳥（けんのとり）	オシドリ

さくらんぼ

将棋の駒（しょうぎのこま）

最上川（もがみがわ）

ひとつの県を流れる川（かわ）としては日本最長（にほんさいちょう）（229km）。下流域（かりゅういき）の庄内平野（しょうないへいや）ではブランド米が、中流域（ちゅうりゅういき）ではベニバナがつくられる。

● 酒田市（さかたし）

● 鶴岡市（つるおかし）

出羽三山（でわさんざん）

県（けん）の中央に連なる「月山（がっさん）」「羽黒山（はぐろさん）」「湯殿山（ゆどのさん）」は、日本古来（にほんこらい）の宗教「修験道（しゅげんどう）」の聖地（せいち）。

● 天童市（てんどうし）

◎ 山形市（やまがたし）

蔵王山（ざおうさん）

山（やま）がちなのにおいしい食（た）べものがいっぱい！ 最高（さいこう）だね！

芋煮会（いもにかい）

河原（かわら）などの屋外（おくがい）でサトイモなどを煮込（にこ）んだ鍋（なべ）をみんなで食（た）べる、秋（あき）の風物詩（ふうぶつし）。

名物（めいぶつ）「日本一（にほんいち）の芋煮会（いもにかい）フェスティバル」では、6.5mの巨大（きょだい）な鍋（なべ）とショベルカーで大量（たいりょう）の芋煮（いもに）をつくるよ。ショベルカーは調理用（ちょうりよう）に組み立（た）てられていて清潔（せいけつ）！

県内のほとんどが山地で、その間をぬうように水量の豊富な最上川が流れているよ。下流の庄内平野は水はけがよくて、農業がさかんなんだ！

 蔵王山

山形県と宮城県にまたがる活火山。冬に葉や枝に氷と雪がついてこおる「樹氷」が有名で、ロープウェイから鑑賞できる。世界でも珍しい樹氷だが、キクイムシなどの被害で木が大量にかれ、温暖化もあわさって、消滅の危機にさらされている。

樹氷は空気中の水分が風によってふき付けられ、針葉樹がこおってできる。

 将棋の駒

江戸時代に武士の副業としてつくられるようになった。天童市が全国生産量の約9割をしめる。「人間将棋」は春の風物詩。

毎年、「人間将棋」には、将棋のプロである棋士が武装して参加する。

 さくらんぼ

「赤い宝石」にたとえられるさくらんぼの生産量は、全国の約7割をしめる山形県が日本一。産地の中心は山形盆地で、冬は寒く夏は暑く、雨が少ない盆地の気候にピッタリ。代表品種は「佐藤錦」。

 天童市は将棋の駒以外に、西洋ナシの一種「ラ・フランス」の生産量も日本一。ちなみに、駒の材料はツゲやカエデの仲間の木。西洋ナシの木は使わないよ。

福島県
ふくしまけん

伝統を守り未来を見すえる
東北地方の南の玄関口

県庁所在地	福島市
面積	約1万3784km²
人口	約176万7000人
県の木	ケヤキ
県の花	ネモトシャクナゲ
県の鳥	キビタキ

赤べこ以外にも「会津塗」や「おき上がり小法師」、「桐たんす」に「会津絵ろうそく」など手づくりのものがいっぱい！

福島盆地

相馬野馬追

鶴ヶ城
会津若松城ともよばれる。幕末の戊辰戦争で悲劇の最期をとげた「白虎隊」で有名。

喜多方市

福島市

会津若松市

郡山市

白河市

いわき市

再生可能エネルギー

赤べこ
会津地方に伝わる、頭がゆらゆら動く張り子の牛の民芸品。子どもの成長を願って、魔よけの赤色でぬられる。

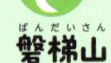
磐梯山
明治時代にも大噴火をおこしている活火山。山のすぐ南にある「猪苗代湖」は、磐梯山の火山活動でつくられた。

赤べこの「べこ」は牛のこと。平安時代に、赤い牛がはやり病を祓ったという伝説が由来といわれているよ。

さまざまな伝統工芸品や果物を生産。2011年の東日本大震災では大きな被害を受けたけど、未来に向けた電力エネルギーの活用にとり組んでいるんだ。

再生可能エネルギー

東日本大震災の原子力発電所事故を教訓に、太陽光・風力・水力・地熱・バイオマス・雪氷熱の利用など、環境にやさしい再生可能エネルギーの活用を進めている。県内には50か所以上の見学施設がある。

福島盆地

県北部にある盆地。大きな寒暖差が、おいしく色あざやかな果物をはぐくむ。モモ・リンゴ・ナシづくりがさかん。

ももの収穫量は全国で2番目に多い。

相馬野馬追

1000年以上前の軍事訓練が起源という相馬地方の神事。背に旗をさした騎馬武者約400騎が町をねり歩き、野原でかけ競い、神旗をうばい合う姿は、まるで時代絵巻。

御神旗を数百の騎馬武者がうばい合う「神旗争奪戦」の様子。

喜多方市の「喜多方ラーメン」が有名だけど、2024年に開催された「日本ご当地ラーメン総選挙」では、県の南部にある白河市の「白河ラーメン」が優勝したんだ。

日本の海

日本は、北東から南西にかけて、
約3000kmにわたって連なる列島だよ。
四方を海と、そこを流れる海流に
かこまれた「島国」なんだ。

北から冷たい寒流が、
南から暖かい暖流が
流れてくるんだね！

リマン海流

オホーツク海北部から
日本海へ南下する海
流。海水の温度がまわ
りより低い「寒流」。

対馬海流

沖縄の北で黒潮とわ
かれ、東シナ海から
日本海へ北上する海
流。海水温が高い
「暖流」。

日本海

日本列島とユーラシア
大陸とのあいだにある
海。大陸や北前船の交
通路として、大昔から
人や文化が行き来して
きた。

東シナ海

中国大陸と九州・南西
諸島にはさまれた海。
大陸棚の浅い海で、魚
類や石油などの地下資
源が豊富。

黒潮（日本海流）

日本列島の太平洋岸を南西か
ら北東へと流れる暖流。カツ
オやマグロはこの流れにのっ
て日本近海にやってくる。

沖ノ鳥島

日本でいちばん南にあ
る島。サンゴ礁ででき
た東小島と北小島のふ
たつからなり、満潮時
にはほとんど海面下に
沈んでしまう無人島。

与那国島

日本でいちばん西に
ある島。晴れた日に
は西にある台湾を見
ることができる。

オホーツク海

北海道の北東にある海。プランクトンが豊富でサケ、マス、タラバガニ、ホタテなど海の幸の宝庫。

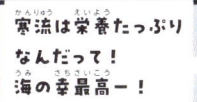

寒流は栄養たっぷりなんだって！海の幸最高ー！

択捉島

日本でいちばん北にある島。1945年にソビエト連邦軍に占領された「北方領土」のひとつ。

親潮 (千島海流)

太平洋北部のベーリング海から日本付近へ南下する寒流。プランクトンが豊富でたくさんの水産物を育てるため "親" 潮とよばれる。

潮目

潮目

暖流と寒流がぶつかる「潮目（潮境）」では、海底の栄養分がまき上げられてプランクトンが集まるため、それをねらう魚も多く集まる。太平洋側の日本近海は、世界有数の豊かな漁場。

太平洋

地球最大の海。太平洋周辺の海底には「海溝」というものすごく深い溝が何本も走っている。地球上でいちばん深い海は、北太平洋のマリアナ海溝にある（1万920m）。

「島国」日本

日本は北海道、本州、四国、九州という4つの大きな島と、その周囲をとりまくたくさんの島からなっている。島の総数は、1万4千個以上！

日本最南端の沖ノ鳥島（東小島）。護岸工事で保護されている。

南鳥島

日本でいちばん東にある島。明治時代に発見され、日本の領土になった。

都道府県マスターのための
北海道・東北地方検定

全問正解できるかな!?

Q1 北海道の根釧台地で
さかんなのは?
1. 稲作
2. 酪農
3. 漁業

Q2 青森県で生産されている
りんごは?
1. ふじ
2. ふじサン
3. エベレスト

Q3 岩手県の平泉を
おさめていたのは?
1. 藤原氏
2. 伊達氏
3. 中尊氏

Q4 宮城県の気仙沼漁港で
よくとれるのは?
1. マメ
2. カメ
3. サメ

Q5 秋田県の八郎潟は
元はどんな地形だった?
1. 水田
2. 海
3. 湖

Q6 山形県のさくらんぼ生産の
中心地は?
1. 山形山地
2. 山形平野
3. 山形盆地

Q7 福島県の赤べこの赤色は
なんのため?
1. 豊作祈願
2. 魔よけ
3. 必勝祈願

答えは下にあるよ!

答え A1.2 A2.1 A3.1 A4.3 A5.3 A6.3 A7.2

<ruby>関<rt>かん</rt></ruby><ruby>東<rt>とう</rt></ruby><ruby>地方<rt>ち ほう</rt></ruby>

<ruby>日本最大<rt>に ほんさいだい</rt></ruby>の<ruby>平野<rt>へい や</rt></ruby>「<ruby>関東平野<rt>かんとうへい や</rt></ruby>」を<ruby>中心<rt>ちゅうしん</rt></ruby>に、<ruby>日本<rt>に ほん</rt></ruby>の<ruby>人口<rt>じんこう</rt></ruby>の<ruby>約<rt>やく</rt></ruby>3<ruby>割<rt>わり</rt></ruby>が<ruby>集中<rt>しゅうちゅう</rt></ruby>している。<ruby>日本<rt>に ほん</rt></ruby>の<ruby>政治<rt>せい じ</rt></ruby>・<ruby>経済<rt>けいざい</rt></ruby>・<ruby>産業<rt>さんぎょう</rt></ruby>に<ruby>大<rt>おお</rt></ruby>きな<ruby>役割<rt>やくわり</rt></ruby>を<ruby>果<rt>は</rt></ruby>たしている。

<ruby>栃木県<rt>とち ぎ けん</rt></ruby>

<ruby>群馬県<rt>ぐん ま けん</rt></ruby>

◎<ruby>宇都宮市<rt>うつのみや し</rt></ruby>

<ruby>水戸市<rt>み と し</rt></ruby>

◎<ruby>前橋市<rt>まえばし し</rt></ruby>

<ruby>茨城県<rt>いばら き けん</rt></ruby>

<ruby>埼玉県<rt>さいたまけん</rt></ruby> <ruby>さいたま市<rt>し</rt></ruby>
◎

<ruby>千葉市<rt>ち ば し</rt></ruby>
◎

<ruby>東京都<rt>とうきょう と</rt></ruby>◎<ruby>新宿区<rt>しんじゅく く</rt></ruby>

<ruby>神奈川県<rt>か な がわけん</rt></ruby>◎

<ruby>千葉県<rt>ち ば けん</rt></ruby>

<ruby>横浜市<rt>よこはま し</rt></ruby>

<ruby>農業<rt>のうぎょう</rt></ruby>や<ruby>漁業<rt>ぎょぎょう</rt></ruby>も
じつは
さかんなんだよ！

日本有数の**生産力**（せいさんりょく）と
最先端研究（さいせんたんけんきゅう）が同居（どうきょ）する！

茨城県（いばらきけん）

県庁所在地（けんちょうしょざいち）	水戸市（みとし）
面積（めんせき）	約6098km²
人口（じんこう）	約282万5000人（にん）
県の木（けんのき）	ウメ
県の花（けんのはな）	バラ
県の鳥（けんのとり）	ヒバリ

畑（はたけ）や水田（すいでん）がいっぱい！
おいしいもの、たくさん
つくってるんだね

偕楽園（かいらくえん）

日立市（ひたちし）

ひたちなか市（し）

筑波研究（つくばけんきゅう）
学園都市（がくえんとし）

水戸市（みとし）◎

鹿島臨海（かしまりんかい）
工業地帯（こうぎょうちたい）

世界最大級（せかいさいだいきゅう）の掘込（ほりこみ）式人口港（しきじんこうこう）である鹿島港（しまこう）を中心（ちゅうしん）に、鉄鋼（てっこう）や石油化学工業（せきゆかがくこうぎょう）が発達（はったつ）している。

土浦市（つちうらし）

つくば市（し）

霞ヶ浦（かすみがうら）

近郊農業（きんこうのうぎょう）
大都市東京（だいとしとうきょう）へ高速道路（こうそくどうろ）で新鮮（しんせん）な野菜（やさい）をとどけられる。特産（とくさん）のメロンのほか、クリ、ハクサイなどの生産量（せいさんりょう）も日本有数（にほんゆうすう）。

利根川（とねがわ）
流域面積（りゅういきめんせき）が日本一（にほんいち）、長（なが）さは日本（にほん）で二番目（にばんめ）の川（かわ）。流域（りゅういき）の低湿地帯（ていしつちたい）は「水郷（すいごう）」とよばれ、通常（つうじょう）より早（はや）く出荷（しゅっか）される「早場米（はやばまい）」がつくられる。

県名（けんめい）の由来（ゆらい）は奈良時代（ならじだい）の記録（きろく）に「茨（いばら）で城（しろ）をつくり、賊（ぞく）（悪者（わるもの））を退治（たいじ）した」とあることから。ここでいう城（しろ）は、「罠（わな）」を意味（いみ）するんだって。

江戸時代には幕府を支える大名の領地として発展したんだ。北部の山地と南部の低湿地にはさまれた土地では、現代でも農水産業や工業がさかん！

霞ヶ浦

日本で2番目に大きい湖。湿地が多く稲作には不向きだが、レンコンの生産量は日本一。風力であみを引く「帆引き船」は、ワカサギ漁などにつかわれたが、いまは観光船になっている。

帆引き船は、明治時代に地元の漁師によって考案されたという。

偕楽園

水戸藩主がつくった庭園で、日本三名園のひとつ。「偕楽」は「みんなで楽しむ」という意味。梅の名所として有名。

100種類以上の梅が植えられている。

筑波研究学園都市

つくば市には、筑波大学を中心にあらゆる分野の研究機関が集まり、研究者が約1万人もいる。そのひとつ筑波宇宙センターでは、ロケットや人工衛星の開発など最先端の宇宙研究がおこなわれている。

有名な「水戸納豆」は、「水戸黄門」として愛される大名で水戸藩の藩主、徳川光圀が保存食として広めたんだって！

内陸県にあふれる
歴史的遺産と特産物

栃木県
とちぎけん

県庁所在地	宇都宮市
面積	約6408km²
人口	約189万7000人
県の木	トチノキ
県の花	ヤシオツツジ
県の鳥	オオルリ

いちごの名産地

那須高原
乳牛を中心とした畜産がさかん。観光地、リゾート地としても有名。

日光東照宮

宇都宮ぎょうざ
宇都宮市はぎょうざの消費量が日本トップクラス。静岡県浜松市や宮崎県宮崎市などと日本一の座を争っている。

◎ **宇都宮市**
うつのみやし

足利市
あしかがし

栃木市
とちぎし

佐野市
さのし

小山市
おやまし

益子焼
ましこやき

かんぴょう
ユウガオの実を細長くむいて干したもので、巻き寿司などにつかわれる。全国生産量のほぼすべてが栃木県産。

火山が多くて、噴火でつくられた「中禅寺湖」は日本一標高の高い湖なんだって!

火山灰が固まった「大谷石」や、火山で噴出した軽石が風化した「鹿沼土」など、鉱山資源にもめぐまれているよ。

海をもたない内陸県。古くから関東と東北を結ぶ「北の守り」として街道などが整備され、江戸時代には徳川将軍家の聖地になったんだ！

日光東照宮

徳川家康をまつる神社。「見ざる・言わざる・聞かざる」の三猿の彫刻や、一日中見てもあきないといわれる陽明門などが有名。周辺の社寺とともに世界文化遺産に登録された。

陽明門には龍や唐獅子など、500以上の彫刻がほどこされている。

益子焼

益子町周辺で江戸時代末期に誕生した、ぽってりと素朴なやきもの。日用品として使いやすく、春と秋は陶器市でにぎわう。

いちごの名産地

1968年からずっと生産量日本一。人気の「とちおとめ」は栃木県生まれの品種。冬の日照時間が長く、夏と冬・昼と夜の寒暖差が大きいため、おいしいいちごが育つ。日本唯一のいちご研究所もある。

山がちな地形をいかした 名所と高原野菜!

群馬県

県庁所在地	前橋市
面積	約6362㎢
人口	約190万2000人
県の木	クロマツ
県の花	レンゲツツジ
県の鳥	ヤマドリ

  草津温泉

 尾瀬ケ原

 嬬恋キャベツ
夏に涼しい浅間山麓の嬬恋村でつくられる夏秋キャベツは、出荷量日本一。

 高崎のだるま
蚕を育てて絹糸をとる養蚕業がさかんで、養蚕農家が守り神にしていただるまが、名物となった。

前橋市

桐生市

太田市

高崎市　伊勢崎市

コンニャクイモ とネギ

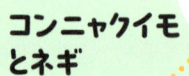

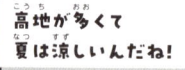 高地が多くて夏は涼しいんだね!

 **富岡製糸場**
明治政府がつくった初の官営製糸工場。世界文化遺産に登録された。

 冬にふく冷たく乾燥した北西季節風は、「からっ風」とよばれているよ。コンニャクや、だるまに塗った染料を乾かすのにちょうどいいんだって。

東、西、北を山地にかこまれ、夏の涼しさをいかした野菜づくりがさかん。火山の噴火によってつくられた名所や温泉もたくさんあるよ。

 尾瀬ヶ原

尾瀬国立公園内にある、本州最大の山地湿原。ミズバショウなど約900種の植物が生息している。

初心者でも多様な植物を楽しめる人気のハイキングコース。

 コンニャクイモとネギ

コンニャクの原料となるコンニャクイモは3年かけて育てられる。生産量は全国の9割を占め、下仁田町が生産・加工の中心。ブランド野菜「下仁田ネギ」でも有名だ。

 草津温泉

温泉の自然湧出量日本一。町のシンボル「湯畑」は、6つの源泉のうちのひとつ。50℃以上の熱い湯を適温にするため、草津節などを歌いながら板で湯をかき回す伝統の「湯もみ」は、いまはショーとして人気。

源泉は湯畑にある木樋を通して適温に下げ、各旅館へ送られている。

 上毛新聞のアンケートによると、日本海とも太平洋とも同じくらい離れた群馬県では、海と聞くと「新潟県」をイメージする人が多かったんだって。

関東地方

人も野菜も、交通網で
東京と強く結びつく!

埼玉県

県庁所在地	さいたま市
面積	約 3798km²
人口	約 733 万 1000 人
県の木	ケヤキ
県の花	サクラソウ
県の鳥	シラコバト

さいたま新都心

東京の過密を解決するため、さいたま市に国の行政機関の一部を移転させている。「さいたまスーパーアリーナ」などの商業施設も。

長瀞渓谷

秩父地方の荒川上流にあたり、川下りが楽しめる。「岩畳」や「秩父赤壁」などの名所が多い。

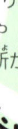

深谷ねぎ

ひな人形

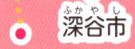

深谷市

川越市

◉ さいたま市

所沢市

川口市

1万円札にのっている渋沢栄一が生まれ育った県だね

狭山茶

狭山丘陵が生産地の中心。涼しい気候の影響で葉があつくなり、茶の味にコクがでる。

鉄道博物館

秩父地方では、コンクリートの原料になるセメントの製造がさかん。荒川上流の武甲山でとれる石灰岩がつかわれているよ。

江戸時代には街道や運河で、現代では鉄道や道路で、東京と強く結びついてきたよ。東京へ通勤・通学する人たちが住む「ベッドタウン」になっているね。

深谷ねぎ

ネギの収穫量はトップクラス。深谷市周辺でつくられる深谷ねぎが有名。白い部分が多く、きめが細かでやわらかく、果物なみのとろける甘さが特ちょう。冬は特に甘みがます。

深谷ねぎは一年中つくられており、それぞれ「春ねぎ」「夏ねぎ」「秋冬ねぎ」とよぶ。

ひな人形

出荷額日本一。産地は人形博物館があるさいたま市岩槻をはじめ、鴻巣・越谷など。各地で人形供養やイベントがある。

岩槻の愛宕神社の石段にならべられたひな人形。

鉄道博物館

鉄道の町といわれるさいたま市大宮に、2007 年に開館した歴史博物館。さまざまな車種の実物を展示しているほか、鉄道にまつわる資料も多数収集・展示していて、鉄道の歴史や技術などを学ぶことができる。

埼玉県内には 40 の市があって、市の数が全国の都道府県のなかでいちばん多いんだって!

農業、漁業に工業も！
多様な生産力を誇る

千葉県
（ちばけん）

県庁所在地	千葉市
面積	約 5156 km²
人口	約 625 万 7000 人
県の木	マキ
県の花	なのはな
県の鳥	ホオジロ

！ 関東ローム層

しょうゆの生産量日本一

野田市や銚子市が生産の中心。太平洋、江戸川や利根川、街道が活用された。流山市ではみりんもつくっている。

松戸市　●柏市
船橋市
市川市

◎千葉市

　！ 銚子港

京葉工業地域

東京湾沿岸の埋め立て地で、鉄鋼、機械、石油化学などの重化学工業がさかん。

！ 成田国際空港

鉄などの素材も
食べものも
つくれるなんて、
最強じゃない！？

日本有数の農業県

農業に適した台地や丘陵が多く、近郊農業がさかん。かぶ、ねぎなどの野菜にくわえ、日本ナシ、ビワも特産品。

 「京」は東京、「葉」は千葉をしめすかと思いきや、「京葉」工業地域に東京はふくまれないんだって！

温暖で農地にめぐまれているので、農業産出額は全国トップクラス！　水揚げ量日本一の港や大規模な工業地域、国際空港など、いろんな強みをもっているんだ！

銚子港

沖合は黒潮と親潮、利根川の水がまじり合う絶好の漁場で、サバ、イワシ、マグロ、カツオなどの水揚げ量は日本一。

サバの水揚げの様子。銚子港の水揚げ量の半分をしめる。

関東ローム層

富士山や箱根の山の火山灰がふり積もった、やわらかく水はけのよい関東ローム層におおわれている。栽培に適したラッカセイは生産量日本一。スイカやサツマイモも日本有数の生産量だ。

成田国際空港

羽田の東京国際空港とともに日本の空の玄関口とよばれる。貿易額は成田が日本一で、輸出は精密機器や集積回路（IC）、輸入は医薬品などが主力。小型で高価なものばかりだ。

1978年に開港。年間旅客数が4000万人をこえる年もある。

千葉市には、日本最大級の貝塚「加曽利貝塚」があるよ。日本にある縄文時代の貝塚約2400か所のうち、約700か所が千葉県内で、貝塚の数日本一なんだ！

人口の約一割が集う
政治・経済・文化の中心地

東京都

都庁所在地	新宿区
面積	約2200km²
人口	約1408万6000人
都の木	イチョウ
都の花	ソメイヨシノ
都の鳥	ユリカモメ

見どころたくさん！
どこからチェックするか
迷っちゃうね

数ある観光スポット

年間の宿泊者数は日本一。ビジネスだけでなく、三社祭でにぎわう下町「浅草」や江戸時代には大砲が設置された「お台場」などへの観光目的でも人が集まる。

江戸切子

東京
スカイツリー®

日本の首都

新宿区

小笠原諸島

都心から約1000km南にある、父島・母島など30あまりの島じま。独自に進化した生物や植物が多くすむ「世界自然遺産」。

東京国際空港
（羽田空港）

日本初の国際空港。利用客数、敷地面積ともに日本一。

日本最南端の沖ノ鳥島と最東端の南鳥島は、東京都の小笠原村に属しているよ。小笠原諸島という名は、この島じまを発見した武士、小笠原貞頼が由来だといわれるよ。

西部には関東山地、中央部に「武蔵野」とよばれる台地があり、東部の特別区（23区）に人口が集中しているよ。遠く離れた伊豆諸島、小笠原諸島も東京都！

日本の首都

人口密度日本一で、国会議事堂などの政府機関と皇居がある、首都東京。江戸時代まで首都は京都だったが、明治維新で天皇が江戸にうつり住み、東京と改称して首都となった。

赤レンガでつくられた東京駅の丸の内の駅舎は国の重要文化財に指定されている。

江戸切子

江戸時代後期に生まれた、ガラスの伝統工芸品。ガラス表面をカットして美しい模様をつくるのが特徴。

身近な自然をモチーフとした伝統的な文様が20種類ほどある。

東京スカイツリー

高さが東京タワーの約2倍の、世界一高い自立式電波塔。展望台として大人気だが、地上デジタル放送の送信場所であり、雷などの観測施設の役割も。高さ634mは旧国名「武蔵」の語呂合わせ。

歴史と文化にあふれた
関東最大の工業県！

神奈川県

県庁所在地	横浜市
面積	約 2417km²
人口	約 922 万 9000 人
県の木	イチョウ
県の花	ヤマユリ
県の鳥	カモメ

箱根温泉
日本を代表する温泉地で、「箱根駅伝」の舞台としても有名。伝統工芸品の「箱根寄木細工」はお土産に人気。

横浜みなとみらい21 地区

相模原市

川崎市

京浜工業地帯

藤沢市

◎横浜市

横須賀市

古都・鎌倉

相模湾
黒潮が流れこみ栄養豊富な漁場で、沿岸の小田原は「かまぼこ」が特産品。沿岸には「湘南」、「江の島」などの人気観光地も。

三浦半島
在日アメリカ軍も利用する横須賀、歴史上重要な浦賀、遠洋漁業の拠点になる三崎などの港をもつ。「三浦大根」などの畑作もさかん。

エリアによって
イメージがぜんぜん
ちがうね！ おもしろーい♪

横浜発祥といわれる名物「サンマーメン」。サンマは入っていなくて、中国語で「新鮮、シャキシャキ素材を乗せた麺」という意味なんだって！

昔からたびたび歴史の表舞台に立ってきた一方、現在では重化学工業や先端技術産業もさかえ、多彩な魅力をもった県なんだ!

横浜みなとみらい21地区

横浜港周辺を神奈川県のあらたな中心地にするため、再開発をおこなっている計画都市。企業や文化・商業施設、公園などを集めて、首都の役割を東京と分担する目的もある。

日本で初めて都市に設置されたロープウェイ。みなとみらい21地区とJR桜木町駅を結ぶ。

古都・鎌倉

源 頼朝が鎌倉幕府を開いた古都。多くの寺社が建ちならび、鶴岡八幡宮や鎌倉大仏は鎌倉のシンボルとして有名。

高徳院にたつ鎌倉大仏。台座をふくめると高さは約13m。

京浜工業地帯

東京都と神奈川県にまたがる日本有数の工業地帯。東京・川崎・横浜の3つの港に重工業の工場が立ちならび、機械工業や印刷業もさかん。製造品出荷額は愛知県の次に多く全国2位。

「横浜中華街」は日本最大の中華街! 江戸時代の終わりに、欧米の言葉も漢字も使える中国の人たちが通訳として活躍して、そのままうつり住んだのが始まりだよ!

日本の山

日本には北から南まで、多くの山脈が走っていて、国土の多くは山地でしめられているよ。しかも、斜面が急でけわしい山が多く、火山もたくさんあるんだ!

おもな山地・山脈と火山を見てみよう!

日本アルプス

北アルプスともよばれる飛騨山脈、中央アルプスとよばれる木曽山脈、南アルプスとよばれる赤石山脈をまとめた呼び名。「日本の屋根」の異名も。

飛騨山脈の北穂高岳。周囲にも標高 3000 メートル級のけわしい山やまがつらなる。

中国山地
中国地方を東西につらなる山地。この山地の北側が「山陽地方」、南側が「山陰地方」とよばれる。

赤石山脈（南アルプス）

阿蘇山
中央の火口丘とそのまわりをかこむ外輪山からなる「二重式火山」。外輪山の内側の「阿蘇カルデラ」の広さは世界最大級。

大山

飛騨山脈（北アルプス）

フォッサ

木曽山脈（中央アルプス）

雲仙岳

九州山地
雨が多い地域のため、山やまのあいだに深い峡谷ができ、豊富な水量をいかすダムが多くつくられている。

四国山地
四国地方を東西にはしる山地。この山地を境に太平洋側は雨が多く、瀬戸内海側は雨が少ない。

紀伊山地
標高はそれほど高くないが、けわしい山が多い。吉野山や熊野三山、高野山など霊場も多い。

桜島

有珠山
北見山地

まだ煙が出てる火山もあるの!?すごーい!

大雪山

いくつかの山が集まった火山群で、一部は国の特別天然記念物。写真の「旭岳」は、北海道でもっとも高い山。

日高山脈

北海道中南部を南北につらなる。原生林や高山植物、野生動物といった自然が豊富にのこる。

出羽山地

奥羽山脈

青森県から福島県まで、東北地方をつらぬく、日本一長い山脈。

鳥海山

東北地方で2番目に高く、「秋田富士」「出羽富士」ともよばれて信仰の対象になった。

越後山脈

新潟県、福島県、群馬県の県境にそってつらなる山脈で、世界有数の豪雪地帯として知られる。

関東山地

関東地方と中部地方をわける山地。都心に近く、観光客も多くおとずれる。

フォッサマグナ

地盤の割れ目がずれ動いた「断層」が集まっている一帯のこと。ラテン語で「大きな溝」という意味。このフォッサマグナを境に、本州の東と西では地形や岩石の特ちょう、植物の種類にちがいがある。

富士山

浅間山

2015年に小規模な噴火がおきるなど、現在も火山活動がつづき、火口付近は立入禁止。

三原山

伊豆諸島の大島（伊豆大島）にある。日本有数の活火山で、100～200年ごとに大噴火をくり返している。

都道府県マスターのための
関東地方検定

どれもちゃんと書いてあったよ！

Q1
茨城県にある日本で2番目に大きな湖は？

❶ 霞ヶ浦
❷ 袖ヶ浦
❸ 霞ヶ関

Q2
栃木県で生まれたいちごの品種名は？

❶ とちあかり
❷ とちおとめ
❸ とちにしき

Q3
群馬県の富岡に明治政府がつくった官営工場は何の工場？

❶ 製紙工場
❷ 製糸工場
❸ 製鉄工場

Q4
埼玉県出身で、お札にもなった人物は？

❶ 渋沢栄一
❷ 津田梅子
❸ 北里柴三郎

Q5
千葉県にある、貿易額日本一をほこる空港は？

❶ 国際成田空港
❷ 京葉成田空港
❸ 成田国際空港

Q6
東京都の名所「東京スカイツリー」は、世界一高い何？

❶ 自立式電波塔
❷ 自走式観測塔
❸ 自動式広告塔

Q7
神奈川県の箱根温泉で人気の伝統工芸品は？

❶ 箱根切子
❷ 箱根だるま
❸ 箱根寄木細工

えー？ぼく見なおしてくるね！

44

答え A1.❸ A2.❷ A3.❷ A4.❶ A5.❸ A6.❶ A7.❸

中部地方

新潟市

新潟県

富山市
金沢市
富山県

石川県

長野市

福井市

岐阜県

長野県

福井県

甲府市

山梨県

岐阜市

名古屋市

静岡県

愛知県

静岡市

地形によって
県の個性がぜんぜん
ちがうんだね！

本州の中央部に位置する。高くけわしい山脈で日本海側、内陸部、太平洋側にわけられ、それぞれ気候や風土が大きくことなっている。

中部地方

豪雪と大河で知られる
日本一の米どころ！

新潟県
にいがたけん

県庁所在地	新潟市
面積	約1万2584km²
人口	約212万6000人
県の木	ユキツバキ
県の花	チューリップ
県の鳥	トキ

長岡市は
花火大会でも有名！
行ってみたいな〜

石油・天然ガスの生産日本一

日本ではめずらしく県内に多くの油田・ガス田をもつ。中でも岩船沖油ガス田は日本最大級。

● 新潟市

佐渡島

世界文化遺産にも登録された日本最大の金山がある。絶滅のおそれがあるトキの人工繁殖もおこなっている。

三条市

長岡市

柏崎市

上越市

日本一の米どころ

越後山脈

小千谷ちぢみ

雪の上にさらす「雪さらし」で白さとつやを出す織物。

信濃川

お酒やせんべいなど、お米をつかった特産品も多いんだ。新潟（越後国）出身の戦国武将、上杉謙信もお酒好きだったんだって。

冬は県全域が豪雪におおわれるけど、夏には信濃川流域の越後平野でさかんに稲作がおこなわれるよ。地下資源も豊富なんだって！

中部

越後山脈

新潟・群馬・福島の3県にまたがる山脈。冬、日本海沖の対馬海流からたちのぼる水蒸気が季節風で運ばれ、大量の雲になって山脈にぶつかり、上空で冷やされ、豪雪となる。

越後山脈の栄養豊富な雪解け水が越後平野に流れ、豊かな穀物を育てている。

日本一の米どころ

お米の生産量は日本一。信濃川や阿賀野川などの大きな川と大量の雪解け水、肥えた土がおいしい米をはぐくむ。

魚沼市産のコシヒカリは新潟を代表するお米のブランド。

信濃川

全長367kmにもなる日本一長い川。長野県から新潟県中央を通り、新潟市から日本海にそそぐ。長野県では千曲川とよばれ、新潟に入ると信濃川とよび名が変わる。

燕市のスプーンやフォークといった食器、三条市の刃物など、金属加工品の生産もさかん。ふたつの市を合わせた「燕三条」という名が、金属食器のブランドになっているよ。

そびえる山やまと
豊かな海からの恵み
富山県
（とやまけん）

県庁所在地	富山市
面積	約 4248km²
人口	約 100 万 7000 人
県の木	タテヤマスギ
県の花	チューリップ
県の鳥	ライチョウ

チューリップ生産県
砺波市、南砺市、高岡市などに広がる砺波平野は、全国一のチューリップ生産地。切り花より球根の栽培が中心。

越中富山の薬売り
江戸時代から薬づくりがさかんで、薬を売り歩く商人は「越中富山の薬売り」として知られた。現代でも製薬会社が多い。

立山連峰

富山湾の沿岸漁業

高岡市

射水市

富山市

砺波市

南砺市

合掌造り集落
南砺市の五箇山にのこる民家は、屋根が手と手を合わせたような「合掌造り」が特ちょうで、世界文化遺産。

黒部ダム

立山には「地獄谷」っていう温泉があるんだって！ちょっとこわいかも!?

富山県では「ニホンカモシカ」を「県の獣」と定めているよ。県の獣が定められている都道府県は全国に 11 あって、そのうち 6 県はカモシカなんだ。

東、西、南の三方を山に囲まれ、山やまからは水量豊富な川が北の日本海に流れているよ。川沿いの平野では稲作がさかえているし、海では沿岸漁業がさかんなんだ。

 富山湾の沿岸漁業

栄養豊富で冷たい北アルプスの水と、あたたかい対馬海流が流れこむため魚介類が豊富。春の海で幻想的に光るホタルイカや、宝石に例えられる白エビ、冬に氷見市近海でとれる「氷見の寒ブリ」が有名。

春先にはホタルイカが浜に打ち上げられる「ホタルイカの身投げ」が見られる。

 黒部ダム

黒部川上流に7年かけてつくられた、全長492m 高さ186m の水力発電ダム。高さは日本一で、毎秒10トンの水がふき出す観光放水は必見。

弓なりの壁で水圧をうけながす「アーチ式ダム」のなかでも屈指の人気。

 立山連峰

飛騨山脈の北部に位置する、剱岳から、立山、薬師岳までの標高3000m 級の山の連なり。空気がすむ11月〜3月ごろは、町・丘・海のあらゆる風景のバックに、雪の立山連峰が神々しくそびえる。

 富山市の八尾町で毎年9月におこなわれる祭「おわら風の盆」は、台風シーズンに風の被害がおこらないようにという願いがこめられているんだって!

日本海側最大の半島と「百万石」の城下町！

石川県
いしかわけん

県庁所在地	金沢市
面積	約4186km²
人口	約110万9000人
県の木	アテ
県の花	クロユリ
県の鳥	イヌワシ

輪島塗
わじまぬり

輪島市
わじまし

スルメイカ漁
りょう

沿岸では何種類ものイカがとれる。夏にはスルメイカをもとめて、全国から漁船が集まる。

白米千枚田
しろよねせんまいだ

兼六園
けんろくえん

白山市
はくさんし

金沢市
かなざわし

小松市
こまつし

加賀市
かがし

さまざまな伝統工芸品
でんとうこうげいひん

日本の金箔のほぼすべてをしめる「金沢箔」、あざやかな絵付けが特ちょうの陶磁器「九谷焼」、長い歴史をもつ染物「加賀友禅」などの伝統工芸品が名産。

南北に細長くていろいろな地形が見られそう！

白山
はくさん

古くから人びとの信仰を集める「霊山」として知られ、白山をまつる「白山神社」は全国に約3千社ある。

加賀藩初代藩主、前田利家からの歴史をもつ金沢箔の薄さは1万分の1ミリ！ 十円玉くらいの大きさの金をたたみ4～5畳くらいになるまで広げるんだ！

江戸時代には農業、漁業、海運業がさかんで、「加賀百万石」とよばれる財力をもっていたよ。北半分をしめる能登半島は複雑な海岸線が美しい景色を生みだしているんだ。

 兼六園

江戸時代の加賀藩主が何代もかけてつくった庭で、日本三名園のひとつ。池のほとりの「ことじ灯籠」や、雪の重みで折れないようにえだを縄でつるす「雪つり」の風景が有名だ。

100年以上の時間をかけて整備された庭園には、さまざまな時代の庭園手法が組みこまれている。

 輪島塗

能登半島輪島の伝統工芸品。木の器にうるしをぬり重ねて金銀でかざる。完成するまでの製造工程は、なんと100以上。じょうぶで美しく、世界でも人気が高い。

 白米千枚田

輪島市白米町の棚田。日本海をのぞむ急斜面に1004枚の田んぼがつらなる絶景だが、2024年の能登半島地震で無数にひび割れが発生した。それでも同年5月には修復。約120枚で、むかしと同じ手作業で田植えがおこなわれた。

中部

 郷土料理「じぶ煮」は鴨肉やお麩、野菜などの煮物。名前の由来は「じぶじぶ煮る」だという説も。「じぶじぶ」は、肉などを火にかけたときの音のことなんだって！

中部地方

東西の文化が交わる地は恐竜たちの王国だった！

福井県

県庁所在地	福井市
面積	約 4191km²
人口	約 74 万 4000 人
県の木	松
県の花	水仙
県の鳥	つぐみ

東尋坊
荒波にけずられてできた岩壁が 1 キロもつづく。岩が柱のようにそそり立つ「柱状節理」の巨大さは世界有数。

鯖江の眼鏡フレーム

恐竜化石の産地

三里浜の花らっきょう
花らっきょうは福井県の砂丘地帯で栽培される小粒のらっきょう。坂井市三国の三里浜産が有名。

坂井市

福井市◎

鯖江市

越前市

若狭湾

敦賀市

越前和紙
越前市では、約 1500 年の歴史をもつ和紙づくりがさかんで、生産量も日本トップクラス。

京都や奈良とのむすびつきが深かったんだって！

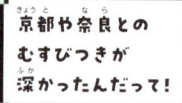

福井県の「県の魚」は、越前がに！ 魚類じゃないけど気にしないで。福井県沖でとれるオスのズワイガニのことで、冬の味覚の王様として親しまれているんだ。

古くから東日本と西日本の文化の交流点として発展してきたよ。農水産業のほか、眼鏡のフレームや伝統工業が有名。恐竜の化石がたくさん見つかっているんだって!

中部

 鯖江の眼鏡フレーム

冬の農家の副業として1905年からはじまった眼鏡フレームづくり。品質・技術が高く、国内産の約9割が鯖江市製。

鯖江駅前にある眼鏡のモニュメント。

 若狭湾

リアス海岸の風景が美しい湾。大人気の越前がにには、福井県で水揚げされるオスのズワイガニをさす。おだやかな湾内ではフグやサバなどの養殖もさかん。京都まで魚を運んだ「鯖街道」の出発点。

 恐竜化石の産地

全国で発見される恐竜化石の約8割が福井県産。勝山市の福井県立恐竜博物館には50体の全身骨格標本がならぶ。新幹線の延伸でにぎわう福井駅周辺も恐竜スポットがいっぱい。

福井駅前の恐竜広場では「フクイ」の名前がついた3体の恐竜が出むかえてくれる。

 奈良時代から絹の生産をはじめ、織物産業がさかえたよ。「織物王国」ともよばれ、現代ではポリエステルやナイロンなどの合成繊維の織物生産が中心なんだ。

中部地方

山がちな地形をいかした
フルーツ大国！

やまなしけん
山梨県

県庁所在地	甲府市
面積	約 4465km²
人口	約 79 万 6000 人
県の木	カエデ
県の花	フジザクラ
県の鳥	ウグイス

名水の里
豊富なわき水をいかし、山梨県のミネラルウォーター生産量は日本有数。なかでも北杜市は「名水の里」として知られる。

水晶
かつて甲府市北部の御岳昇仙峡が水晶の一大産地だったことから、県内でジュエリー産業が発展した。現在でも宝石や貴金属製品の生産額は全国一。

北杜市

甲斐市

◎甲府市

南アルプス市

笛吹市

日本一の
ぶどう県

信玄堤

富士山

リニア実験線
磁気の力で浮き超高速で走る「リニア中央新幹線」で、東京と大阪をむすぶ計画が進められている。実現すれば最高時速は 500 キロ、東京・大阪間を約 1 時間でつなぐ。

山梨県は海に面していない「海なし県」だけど水の恵みは豊かなんだね！

2003 年に 4 つの町と 2 つの村が合併して誕生した南アルプス市は、日本にここひとつしかない「名前にカタカナが入っている市」なんだ！

面積のほとんどが富士山や南アルプスなどの山やまだけど、山にかこまれた盆地や高地では、水はけのよさや斜面をいかした果樹栽培がさかんなんだ。

日本一のぶどう県

栽培面積・生産量ともに日本一で、とりわけ有名なのが県中央部の甲府盆地。水はけと日当たりがよく寒暖差が大きい扇状地の斜面がたくさんあり、果物栽培にピッタリ。ワインもつくられ、モモとスモモの生産量も日本一。

巨峰やシャインマスカットをはじめ、多くの品種がある。

信玄堤

暴れ川である釜無川と御勅使川の洪水をふせぐため、戦国武将の武田信玄がつくった堤防。甲斐市にはその一部がのこり町を守りつづける。

甲府駅前にたたずむ武田信玄の像。

富士山

高さ3776m、静岡県にもまたがる日本一高い山。初日の出をおがめる元旦には登山客でにぎわう。富士山の噴火でできた「富士五湖」にうつる逆さ富士や、雪どけ水が湧く「忍野八海」などが観光名所として人気。

富士山は、いまでも活動をつづける「活火山」。最後に噴火したのは約320年前で、遠くはなれた江戸（東京）まで火山灰がふりそそいだんだって！

中部

「日本の屋根」のもと、
独自の産業と文化が発展！

長野県

県庁所在地	長野市
面積	約1万3562km²
人口	約200万4000人
県の木	シラカバ
県の花	リンドウ
県の鳥	ライチョウ

！ 日本アルプス

善光寺

高原リゾート
浅間山のふもとの軽井沢は標高が高く夏涼しいので、人気の避暑地。別荘が立ちならび観光客も多くおとずれる。

長野市

安曇野市

上田市

松本市

**！ 日本有数の
そばどころ**

高原野菜
八ヶ岳山麓などではすずしい気候をいかしたレタスの生産量が日本一。りんご、ぶどう、ももの生産量も日本有数。

**むかしの地名は
「信濃国」で、
別名「信州」。
聞いたことないかな？**

飯田市

東洋のスイス
諏訪湖の周辺は、豊富な水とすんだ空気が精密機械製造にぴったり。時計やカメラなどの製造業が発達し、時計の生産国として有名なスイスにたとえられる。

面積は中部地方最大で、日本全国でも4番目。市町村の数は北海道についで2番目、村の数にかぎれば日本一なんだって！

面積のうち 80 % 以上が山地で「日本の屋根」といわれる日本アルプスの山やまがつらなるよ。涼しい気候をいかした野菜や機械生産がさかんで、文化財も豊富！

日本アルプス

県西部から南東部にかけて飛騨山脈（北アルプス）、木曽山脈（中央アルプス）、赤石山脈（南アルプス）があり、この3つをまとめて日本アルプスという。3000ｍ級の名峰がつらなる、通称「日本の屋根」。

日本有数のそばどころ

国内有数の生産・消費量をほこる。安曇野市などがわさびの名産地でもあるため、秋は新そば目あての観光客が多い。

一面に咲きほこるそばの花。

中部

善光寺

創建約1400年で本堂は国宝、本尊は日本最古とされる。宗派にぞくさず、男女や身分の区別なく参詣できた。「一度は参れ善光寺」といわれたほど人気で、おなじく国宝の松本城の城下町は善光寺街道沿いから発展した。

1707年に再建された、善光寺の本堂。

県南部の伊那地方につたわる郷土料理「蜂の子」は、文字通り蜂の幼虫を佃煮や炊き込みご飯などにして食べるもの。クロスズメバチがいちばんおいしいらしい。

北と南、東と西の文化がであう歴史の大舞台
岐阜県（ぎふけん）

県庁所在地（けんちょうしょざいち）	岐阜市（ぎふし）
面積（めんせき）	約1万621km²
人口（じんこう）	約193万1000人
県の木（けんのき）	イチイ
県の花（けんのはな）	レンゲ
県の鳥（けんのとり）	ライチョウ

木曽三川（きそさんせん）

白川郷（しらかわごう）

飛騨牛（ひだうし）

関の刃物（せきのはもの）

関市は鎌倉時代から刀の名産地で、現在では包丁生産量日本一。「折れず曲がらずよく切れる」という理想は現代にも受けつがれている。

高山市（たかやまし）

岐阜市（ぎふし）
各務原市（かかみがはらし）
大垣市（おおがきし）
多治見市（たじみし）

スギやヒノキなどの林業（りんぎょう）もさかん！良質な建築材料（りょうしつなけんちくざいりょう）になるんだ

関ヶ原の戦い（せきがはらのたたかい）

東西の交通の重要地点だった美濃地方の関ヶ原で、徳川家康ひきいる東軍と石田三成ひきいる西軍が激突した。

美濃焼（みのやき）

美濃地方の多治見市などでつくられる陶磁器。織田信長の保護を受けて発展した。美濃地方は現在でも全国有数の食器の生産地。

高山市で春と秋にある「高山祭（たかやままつり）」は、ユネスコの無形文化遺産（むけいぶんかいさん）。じつは春は市の南半分（みなみはんぶん）の市民中心の「山王祭（さんのうまつり）」、秋は北半分の市民中心の「八幡祭（はちまんさい）」と、別のお祭りなんだ。

北部の山がちな「飛騨地方」と南部の平野「美濃地方」に、それぞれの文化が発展したよ。戦国時代に東軍と西軍が戦った「関ヶ原の戦い」の舞台！

中部

 飛騨牛

飛騨市や高山市を中心とする岐阜県内で 14 か月以上飼育され、格付けに合格した黒毛和牛の牛肉。農地を耕すために飼育されていたが、食肉用に変わった。きめ細やかでやわらかく、美しい霜降りがとろける、人気のブランド和牛。

 白川郷

県の北西部、庄川流域の豪雪地帯にある集落。三角屋根の「合掌造り」の家は重い雪が積もりにくく、雨もしみこみにくい。約 100 棟が現在ものこり、富山県の五箇山とともに世界文化遺産に登録されている。

冬の白川郷。

 木曽三川

県南部の濃尾平野を流れる木曽川、長良川、揖斐川をまとめたよび名。洪水が多く、土地を守るため集落のまわりに「輪中堤」といわれる堤防が築かれた。長良川は「鵜飼」で有名。

鵜飼とは飼いならした鳥の鵜をあやつって魚をとらせる伝統漁法。

 鵜飼は、日本では 1300 年以上前からおこなわれていて、日本以外では中国、ヨーロッパ、エジプト、ペルー、インドなどでもおこなわれていたんだって。

富士山をのぞむ
街道ぞいに産業が発展！

静岡県
しずおかけん

中部地方

県庁所在地	静岡市
面積	約 7777 ㎢
人口	約 355 万 5000 人
県の木	モクセイ
県の花	ツツジ
県の鳥	サンコウチョウ

日本一の
お茶どころ

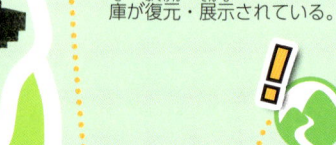

登呂遺跡

静岡市で発見された古代遺跡。日本ではじめて稲作文化を証明した重大な発見で、現在は弥生時代の竪穴住居や高床倉庫が復元・展示されている。

焼津港

遠洋漁業の一大基地。長い縄にたくさんの釣り糸と針をつける「はえ縄漁業」によるマグロ漁とカツオの一本釣りで、マグロ、カツオの水あげ量は日本一。

富士山

富士市

沼津市

静岡市

浜松市

磐田市

浜名湖

海水と真水がまざり合う「汽水湖」で、うなぎの養殖がさかん。

東海工業地域

食卓で人気のサクラエビがとれるのは焼津港のある駿河湾だけなんだって！

はえ縄漁の歴史は古く、『古事記』や『日本書紀』といった古文書にも登場するよ。漢字で書くと「延縄」。つかう縄が長いことをあらわしているんだって。

60

古代から人びとがくらしていたけど、江戸時代に江戸（東京）と尾張（名古屋）をむすぶ街道「東海道」が整備され、お茶やミカンの栽培、楽器の生産、水産業などが発達したよ。

富士山

山梨県との県境にそびえる高さ日本一の山で、石川県の白山、富山県の立山とならぶ「日本三名山」のひとつ。海ごしの富士山は、静岡側ならではで、見どころの「三保の松原」は、世界文化遺産にも登録された。

約3万本の松と約5kmの海岸が広がる三保の松原。浮世絵や和歌にたびたび登場する。

日本一の
お茶どころ

お茶の生産量日本一。代表的産地である牧ノ原台地のお茶は、通常の2〜3倍長くむすためコクやうまみが強い。茶畑ごしの富士山も絶景。

茶摘みのようす。

東海工業地域

太平洋沿岸の工場地域。オートバイ関連の機械工業がさかん。空気がカラッとしているため、浜松ではピアノなどの楽器生産量が多い。富士市や富士宮市では豊富な水をいかした製紙・パルプ業もさかん。

富士山の山頂部が静岡と山梨どちらの県かは、決まっていないよ。江戸時代の記録で「両国の境なし」とされ、現代でも県知事どうしで「境界は問題にしない」と決めているんだ。

城下町を中心に中部地方の
経済・産業をひっぱる！

愛知県

県庁所在地	名古屋市
面積	約5173㎢
人口	約747万7000人
県の木	ハナノキ
県の花	カキツバタ
県の鳥	コノハズク

中京工業地帯

名古屋城

独自の食文化

独特な味わいの「八丁みそ」をつかったみそカツや、うなぎの「ひつまぶし」、喫茶店のサービス朝食「モーニング」など、特ちょう的な食文化が愛されている。

一宮市

◎名古屋市　●豊田市

●岡崎市

> 食べたことない
> ご当地グルメが
> いっぱいありそう！

豊橋市

中部国際空港
（セントレア）

電照菊

夜中に電灯をあてることで開花時期をおくらせ、出荷時期を調整できる。渥美半島で生産がさかん。温室などで栽培環境を管理する「施設園芸農業」のひとつ。

名古屋コーチン

全国で人気のブランド地鶏。しっかり運動させながら通常の3倍の日数をかけて育てる。身がしまってうまみが強い。卵も味が濃くおいしいと評判。

岡崎市などでつくられる名物「八丁みそ」。名前の由来は、徳川家康の居城「岡崎城」から八町（約870m）はなれた八丁村でつくられていたからなんだって!?

大都市「名古屋」を中心に、工業、商業、農業がバランスよく発達しているよ。なかでも自動車生産などの工業は全国一！　織田信長、豊臣秀吉、徳川家康の「三英傑」の出身地でもあるね。

中部国際空港（セントレア）

知多半島西側の伊勢湾につくられた人工島にある空港。長崎空港、関西国際空港についで日本で3番目にできた海上空港で、滑走路の長さは国内トップクラス。

24時間発着可能で、国際線と国内線の乗りかえに便利。

名古屋城

天下人徳川家康がきずいた城。空襲で多くが焼失したが、のちに再建。金のしゃちほこで知られる再建天守は名古屋のシンボルに。2018年に完全復元された本丸御殿もみごと。

再建後50年以上たち、天守の建てかえ計画がすすめられている。

中京工業地帯

名古屋市を中心に、愛知・三重・岐阜の3県にまたがる。出荷額日本一で、豊田市の自動車生産など機械工業がさかんなことが特ちょう。瀬戸市の陶磁器、一宮市の毛織物も有名。

名古屋城の「金のしゃちほこ」にはオス・メスがあって、天守閣の北側がオスで南側がメス。オスの方が少しだけ大きくつくられているんだって！

コレ知ってる？ ③

日本の気候

南北に細長い日本は、気候の特ちょうも地域によってさまざま！ 気温や雨の量、それらの変化によって、大きく6つの「気候区」にわけられるよ。

> ポイントは
> 季節によって風向きがかわる
> 「季節風」！

冬の季節風

大陸からふいてくる、冷たくかわいた風。日本海の湿気を運んできて、日本海側の陸地に大量の雪をもたらす雲をつくる。

日本海側の気候

冬の季節風によって雪が多い。夏は、太平洋からのかわいた季節風の影響で晴れの日が多くなる。

内陸の気候

海からはなれているので季節風のはこんでくる湿気の影響が少なく、1年を通して雨が少ない。昼と夜、夏と冬の気温の差が大きいことも特ちょう。

瀬戸内の気候

中国山地と四国山地が季節風をさえぎるため1年を通して雨が少なく、あたたかい。

南西諸島の気候

台風の通り道でもあり、1年を通して雨が多い。沿岸を暖流（黒潮）が流れているので、冬でもあたたかい。

ぼく知ってる！
海流の影響も
あるんだよねー

北海道の気候

冬の寒さがきびしく、夏はすずしい。はっきりした梅雨はなく、1年を通じて雨が少ない。

太平洋側の気候

冬は、日本海側で湿気をなくした季節風がふくため、乾燥して雨が少ない。夏は太平洋からの季節風の影響でむし暑く雨が多い。

夏の季節風

太平洋からふいてくる、温かくしめった風。太平洋側に雨をふらせ、日本海側にぬけるころには、かわいた風になる。

海流の影響

冷たい寒流は、雲のもとになる水蒸気を発生させにくいので、周囲を寒流が流れる北日本では乾燥した気候になりやすい。また、海は地面にくらべて太陽からの熱を保ちやすいため、海に近い地域では昼と夜、夏と冬の気温の差が小さくなりやすい。

梅雨と台風

6月から7月にかけての雨がよくふる季節「梅雨」も、太平洋側からの季節風がもたらすしめった空気の影響。太平洋や南シナ海で発生する「台風」とともに、日本に大量の雨をもたらす。このふたつの影響で、日本は世界のなかでみても水の恵みが豊富な国。

都道府県マスターのための

中部地方検定

Q1 新潟県の佐渡島で、日本最大として知られるのは？
1. ガス田
2. 信濃川
3. 金山

Q2 富山県の「黒部ダム」が日本一なのは、どんな点？
1. ダム湖の貯水量
2. ダムの高さ
3. ダムの発電量

Q3 石川県で古くから人びとの信仰を集める霊山は？
1. 立山
2. 月山
3. 白山

Q4 福井県の砂丘地帯で、水はけのよさをいかしてつくられる名産品は？
1. ラッカセイ
2. すいか
3. らっきょう

Q5 山梨県に武田信玄が築いた「信玄堤」は、何を防ぐためのもの？
1. 川の洪水
2. 敵軍の奇襲
3. ぶどうの不作

Q6 長野県でそばとともに生産され、とくに安曇野市の名産品として知られているのは？
1. わさび
2. のり
3. ねぎ

Q7 岐阜県の「関ヶ原」で戦ったのは誰と誰？
1. 織田信長と今川義元
2. 豊臣秀吉と柴田勝家
3. 徳川家康と石田三成

Q8 静岡県の「登呂遺跡」の調査から証明されたことは？
1. 縄文文化
2. 稲作文化
3. 狩猟文化

Q9 愛知県で愛される、独特な味わいのみそは？
1. 信州みそ
2. 八丁みそ
3. 西京みそ

答え A1.③ A2.② A3.③ A4.③ A5.① A6.① A7.③ A8.② A9.②

近畿地方

古くから奈良や京都に都がおかれ、
日本の政治、経済、文化の中心だった。
現在も西日本の経済、文化に
重要な役割をはたす。

歴史遺産が多いから
観光客も
たくさん集まるよ！

地図

京都府
大津市
兵庫県
京都市
滋賀県
神戸市
大阪府
津市
大阪市
奈良市
三重県
奈良県
和歌山市
和歌山県

人びとの信仰と
海の恵みで発展

三重県

県庁所在地	津市
面積	約 5775km²
人口	約 172万 7000人
県の木	神宮スギ
県の花	ハナショウブ
県の鳥	シロチドリ

忍びの里・伊賀

かつての伊賀国である伊賀市や名張市は「忍者の里」として知られる。徳川家康につかえた忍者、服部半蔵が有名。

石油化学コンビナート

海女の素もぐり漁

志摩半島沿岸には、「海女」とよばれる女性の漁師が、素もぐりでアワビやサザエをとる漁が伝わっている。

● 四日市市

● 鈴鹿市

◎ 津市

● 松阪市

伊勢神宮

● 伊勢市

松阪牛

真珠の養殖

志摩半島の英虞湾でさかん。世界ではじめて真珠の養殖に成功した「真珠養殖発祥の地」で、生産量も日本有数。

伊賀市には忍者の博物館もあるんだって！いってみたいなー

鈴鹿市の「鈴鹿サーキット」は、バイクや F1 のレースが開催される日本初の国際レーシングコースだけど、一般の人が自分の車でコースを走れるイベントもあるんだ。

古文書『日本書紀』にも登場するほどの歴史をもつ伊勢神宮を中心にさかえてきたよ。南北に長くのびた海岸線をもち水産業がさかんなんだ。

伊勢神宮

「お伊勢さん」と親しまれる日本最大の神社で、内宮・外宮を中心とした多くの社の集合体。江戸時代はお伊勢参りが大ブームに。参拝後は門前の「おはらい町」の散策を楽しめる。

内宮に天照大神がまつられ、年間参拝者は 1000 万人をこえることも。

近畿

松阪牛

他県から子牛を買いつけて松阪市周辺で育てる、霜降り肉が自慢の黒毛和牛。「伊勢えび」とならぶ三重県の有名ブランド食材。

明治時代に評判になり、現在は日本三大和牛のひとつとされている。

石油化学コンビナート

日本経済が発展した昭和 30 年代に四日市市にできた工場地帯で、中京工業地帯の一部。大気汚染などの公害問題をのりこえて製造業をささえる。いまは夜景の美しさが観光資源になり、海から楽しむ夜景クルーズも話題に。

松阪牛は、個室で育てたり散歩やマッサージをしたりと、ストレスをへらすためのくふうがされているよ。食欲を高めるためにビールを飲ませたりもするんだって！

広大な湖が歴史とくらしを見守る

滋賀県

県庁所在地	大津市
面積	約4017km²
人口	約140万7000人
県の木	モミジ
県の花	シャクナゲ
県の鳥	カイツブリ

琵琶湖にしかすんでいない「固有種」もたくさんいるんだって！　カメはいるかな？

 **琵琶湖**

● 長浜市

● 彦根市

 **比叡山延暦寺**

● 草津市

 **近江牛**

◎ **大津市**

● 甲賀市

 近畿のベッドタウン
県南西部は大阪や京都など大都市へ通うのに便利で、ベッドタウンとして発展した。

 信楽焼
甲賀市信楽町を中心につくられる、鎌倉時代からの歴史をもつ陶磁器。タヌキの置物で有名。

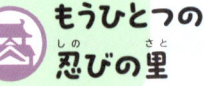 **もうひとつの忍びの里**
伊賀忍者とならんで有名な「甲賀忍者」の里があった。現代では博物館や修行体験が楽しめる。

 琵琶湖は、広さだけじゃなく古さもスゴイ！　人類の祖先（アウストラロピテクス）が二足歩行を始めたばかりの約400万年前に誕生した、世界有数の古代湖なんだ。

琵琶湖の周辺に近江盆地が広がっているよ。琵琶湖周辺は縄文時代からさかえ、飛鳥時代に都がおかれたり戦国時代に織田信長が城を築いたりもしたんだ。

 琵琶湖

日本最大の湖。県の面積の6分の1をしめ、京都、大阪、神戸など大都市圏の水資源・電力資源をささえている。塩漬けのフナにご飯をのせて発酵させた「ふなずし」が名物のひとつ。

1960年代後半から1970年代、工場や家庭の排水で汚染されたが、ヨシを植えるなど市民と県の努力で水質が回復した。

 比叡山延暦寺

1200年前、最澄が比叡山にひらいた天台宗総本山の寺院。とても広く、比叡山全体を延暦寺とよぶ。織田信長の焼きうちにあったが、のちに豊臣秀吉・徳川家康が再建した。

延暦寺の大講堂。「古都京都の文化財」のひとつとして1994年に世界文化遺産に登録。

 近江牛

滋賀県内で育てられた黒毛和牛。江戸時代に将軍家に献上した記録が残る。日本三大和牛のひとつとされ、日本最古のブランド牛。

 織田信長がきずいた「安土城」や、天守が国宝に指定された「彦根城」など、滋賀県には有名なお城が多いよ。人気キャラクター「ひこにゃん」は、彦根城の記念イベントがきっかけで誕生したんだ。

近畿地方

歴史と伝統が息づく
国際観光都市！

京都府

府庁所在地	京都市
面積	約4612km²
人口	約253万5000人
府の木	北山スギ
府の花	シダレザクラ
府の鳥	オオミズナギドリ

丹後ちりめん
丹後半島一帯でつくられる絹織物。ちぢんだような細かいしわのある「ちりめん」の生産量は京都が日本一。

！平安時代からの都

天橋立
海につき出るように細長くのびた砂州に松が生いしげる珍しい地形で、日本三景のひとつ。

舞鶴市

！西陣織

平安時代って
1000年以上前！？
そのころのものが
のこってるって
すごいよね！

亀岡市

◎京都市

長岡京市

宇治市

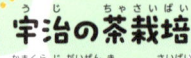
宇治の茶栽培
鎌倉時代前期から栽培がはじまり、室町時代には将軍・足利義満の茶園がひらかれた。「玉露」などの高級茶で知られる。

！祇園祭

「聖護院かぶ」や「加茂ナス」、「九条ねぎ」など、その土地で古くから栽培されてきた「伝統野菜」も特産品のひとつ！

かつての日本の首都として長い歴史をもち「千年の都」とよばれるよ。伝統文化が多くのこり、北部では自然の風景も楽しめるので、国内外から観光客が集まるんだ。

 平安時代からの都

平安時代から幕末まで、約1100年のあいだ日本の都だった。歴史上重要な風土を保存する目的の「古都保存法」により、古い建物や文化がのこされている。「金閣寺」や「清水寺」などが代表的な観光地。

「清水の舞台」で知られる国宝・清水寺の本堂。「懸造」という工法で斜面に建てられている。

近畿

 西陣織

日本を代表する高級絹織物で、清水焼や京人形などとともに国の伝統的工芸品に指定されている。応仁の乱で西軍の陣だった場所に織物職人が集まったことから西陣織とよばれるようになった。

 祇園祭

疫病退散のために八坂神社からはじまった祭礼。山鉾がまちをめぐる「山鉾巡行」は、まちを清める意味がある。

京都三大祭りのひとつで、毎年7月に1か月間おこなわれる。

 歴史と伝統のイメージが強い京都だけど、江戸時代が終わると、日本初の水力発電所がつくられたり日本初の路面電車が走ったりと、近代化が進んだんだ。

「天下の台所」とよばれた
西日本最大の経済都市！

大阪府

府庁所在地	大阪市
面積	約 1905km²
人口	約 876 万 3000 人
府の木	イチョウ
府の花	サクラソウ・ウメ
府の鳥	モズ

 大阪城

大阪天満宮の 天神祭り

学問の神様、菅原道真をまつる「天満宮」のお祭り。日本三大祭りのひとつで、各地の天神祭りの中でも屈指の歴史をもつ。

道頓堀

大阪を代表する繁華街のひとつ。江戸時代初期、運河ぞいに芝居小屋が立ちならんだのが発展のはじまり。

豊中市

枚方市

大阪市

東大阪市

 阪神工業地帯

堺市

 大山古墳

関西国際空港

通称「関空」。海をうめ立てた人工島にあり、日本初の完全 24 時間運用空港。世界と東アジアをつなぐ「ハブ空港」。

「万博記念公園」や「ユニバーサル・スタジオ・ジャパン（USJ）」など観光名所も もりだくさん！

 お金を使いはたしてでもおいしいものを食べる「食いだおれ」という言葉は、海路を通じて全国から大阪においしい農水産物が集まったことに由来しているらしいよ！？

日本で二番目にせまい面積に多くの人が集まり、古くから金融・商業・工業が発展したよ。はじめて日本を統一した豊臣秀吉のおさめた都市としても有名だね。

阪神工業地帯

大阪・神戸間の沿岸部から内陸に広がる。中小企業や工場が多く、なかでも東大阪市は、大小のネジの生産で有名。新幹線や飛行機などにつかわれる精密なネジ類もここでつくられている。

大山古墳 (大仙古墳／仁徳天皇陵古墳)

墳丘の長さ約486m。堺市にある日本最大の前方後円墳。5世紀につくられた、仁徳天皇の墓だと考えられている。

クフ王のピラミッド、始皇帝陵とともに「世界三大墳墓」とされる。

近畿

大阪城

天下人・豊臣秀吉がきずいた。川が多い地形が物資の運搬に最適で、城下町に人と物資が集まり、大阪は商人の町としてさかえた。また、海路でも「西廻り航路」の中心となった。

商人が多く、ヒトやモノが集まる大阪は「天下の台所」ともよばれた。

日本の中央に位置する
近畿地方の西の玄関口
ひょうごけん
兵庫県

県庁所在地	神戸市
面積	約 8401km²
人口	約 537 万人
県の木	クスノキ
県の花	ノジギク
県の鳥	コウノトリ

但馬牛

北部の但馬地方を中心に生産される。有名な松阪牛、三田牛、近江牛は、但馬牛の子ウシがそれぞれの地域で育てられたもの。

名物「明石焼き」はたこ焼きのルーツともいわれているんだって!?

日本の時刻を決める場所

姫路城

姫路市

西宮市
尼崎市

明石市
神戸市

明石海峡大橋
本州と淡路島をつなぐ橋。橋の長さは 3911 mで、世界トップクラスのつり橋。ライトアップされたようすが真珠の王冠のようなことから「パールブリッジ」ともよばれる。

日本酒の生産量
ナンバーワン
日本酒の生産だけでなく、酒の原料となる酒米の栽培もさかん。代表的な酒米「山田錦」の生産量（2021年）は全国の6割をしめる。

淡路島

県の鳥である「コウノトリ」は、国内では一度絶滅しかけた、国の「特別天然記念物」。豊岡市で繁殖にとり組んでいて、少しずつ個体数がふえてきているよ。

古くから海と陸の両方の交通で重要な役割をはたしてきたよ。中国山地をはさんで北部は冬の寒さが厳しく、南部は温暖。それぞれの気候をいかした産業が発展したんだ。

姫路城

奈良県の法隆寺とともに日本で最初に登録された世界文化遺産。「白鷺城」ともよばれる白く美しい天守は、姫路駅展望デッキからものぞめる。江戸時代から残る「現存12天守」のひとつ。

外壁はしっくいで塗り固められており、火縄銃で攻められても延焼しないつくり。

日本の時刻を決める場所

明石市立天文科学館の時計台の下には、東経135度の「日本標準時子午線」が通る。この線の上に太陽がきたとき、日本全国いっせいにお昼の12時になる。

子午線を示す白い線が見られる。

淡路島

明石海峡大橋で神戸市とつながる、瀬戸内海最大の島。海のミネラルをふくんだ土で育つ、やわらかくて甘い「淡路たまねぎ」が有名。古代から、豊富な海産物を皇室にとどけていた「御食国」のひとつ。

日本を代表する国際貿易港である「神戸港」だけど、もとは奈良時代からあった港を、平安時代の武士「平清盛」が整えたとされる、ものすごい歴史をもっているんだ。

多くの文化財が眠る
古代文化発祥の地

奈良県

県庁所在地	奈良市
面積	約 3691 ㎢
人口	約 129 万 6000 人
県の木	スギ
県の花	ナラノヤエザクラ
県の鳥	コマドリ

 東大寺

 奈良筆・奈良墨

 聖徳太子

きんぎょの名産地

大和郡山市は江戸時代からきんぎょの生産地としての歴史をもち、毎年8月には「全国金魚すくい選手権大会」がひらかれる。

奈良市

生駒市

香芝市

大和郡山市

橿原市

奈良公園のシカはかわれているんじゃなくみんな野生なんだって！

吉野杉

県南部の吉野地方では江戸時代から植林をおこなっていて、現在では樹齢200年をこえる巨木も。良質の建築材として使われるほか、「割りばし」にもなる。

 柿の里

柿は古くから奈良の名産。五條市は「柿の里」として知られ、富有柿などを生産している。柿の葉をつかった「柿の葉寿司」も有名。

 百人一首で「いにしへの 奈良の都の 八重ざくら けふ九重に 匂ひぬるかな」と読まれているのが、県の花「ナラノヤエザクラ」。花一輪に花びらが 30 〜 35 枚もつくらしいよ。

かつて日本の中心としてさかえた地域！　奈良時代に平城京がつくられ、仏教文化が発展したよ。長い歴史にはぐくまれた伝統工芸をはじめとした地場産業が発達しているんだ。

東大寺

奈良時代、疫病・天災や政争など、世の不安をしずめるために聖武天皇の命で創建。何度も焼失しており、高さ約15mの現在の本尊「盧舎那仏坐像」は江戸時代に修復されたもの。「奈良の大仏さん」と親しまれている。

東大寺は「古都奈良の文化財」のひとつとして世界遺産に登録。

近畿

聖徳太子

飛鳥時代に活躍した政治家。仏教などの大陸文化を積極的にとり入れ、多くの寺を創建。そのなかでも、斑鳩町の「法隆寺」は世界最古の木造建築として知られている。

奈良筆・奈良墨

奈良の伝統工芸品。寺社が多く大量の墨と筆が必要だった。平安時代の僧「空海」が中国から技術を持ちかえった。

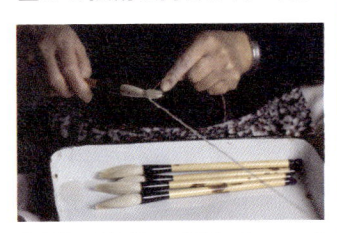

奈良筆は何種類もの動物の毛をまぜ合わせる「練り混ぜ法」でつくられる。

県南部の「吉野山」は、約3万本の桜が植えられている桜の名所だけど、植えられた品種はナラノヤエザクラではなく、8割がヤマザクラなんだって。

近畿地方

神秘の山やまに包まれた「木の国」！

和歌山県

県庁所在地	和歌山市
面積	約 4725km²
人口	約 89 万 2000 人
県の木	ウバメガシ
県の花	ウメ
県の鳥	メジロ

パンダがいっぱいいる「アドベンチャーワールド」も気になる！

岩出市　橋本市　紀の川市

和歌山市 ◎

高野山
紀伊山地の北部に位置し、平安時代の僧「空海（弘法大師）」が真言宗の総本山とした。

！ 紀伊山地

！ みかん

田辺市

！ 熊野古道

紀州梅
田辺市やみなべ町など海側の土地では土の養分が少なくても育つウメが栽培され、名産になった。

捕鯨発祥の地

太地町は日本の捕鯨発祥の地。その歴史は江戸時代までさかのぼる。町にはくじらの博物館も。

古い国名は「紀伊国」。この旧国名は「木の国」がもとになっていて、温暖で雨が多く樹木を育てるのに適していたことに由来しているんだ。

県の大部分をしめる紀伊山地は、神秘の力が宿る場所として古くから信仰の対象だったんだ。温暖な気候と山がちな地形をいかした林業や果樹栽培がさかんだよ。

紀伊山地

標高 1000 ～ 2000ｍ 級の山やまがつらなり、紀伊半島を縦横に走る。このなかに吉野・大峯、熊野三山、高野山の３つの大きな霊場があり、これらの神社や寺、その参詣道が、世界文化遺産に登録されている。

熊野古道

1000 年以上前からある、熊野三山（熊野本宮大社・熊野速玉大社・熊野那智大社）への参詣道。石畳などが残る。

多くの旅人が歩いたとされる「中辺路」。

みかん

有田市の有田みかんが有名。温暖な気候で生産量は全国トップクラス。日当たりのいい山の斜面はみかんの木でいっぱい。カキ・ウメの生産もさかんで、ウメは生産量日本一。

有田みかんの栽培は江戸時代に始まったとされ、江戸でもその味は評判だったという。

室町時代、熊野三山へお参りする「熊野詣」が人気だったのは、当時の社寺にはめずらしく女性にも参詣がゆるされていたからなんだって。

日本の川と平野

雨や雪がよくふる日本では、たくさんの川が流れているよ。
山から流れてきた川の水が土地をけずったり
土砂を運んだりして、平野や盆地がつくられるんだ。

川のまわりの平野や盆地には人が集まって産業が発展しやすいんだ

信濃川と越後平野

日本最長の信濃川流域に広がる越後平野は、日本海側ではもっとも大きな平野。コシヒカリを中心とした日本有数の稲作地帯。

淀川と大阪平野

琵琶湖から大阪湾へと流れる淀川は、上流の滋賀県では「瀬田川」、京都府に入って「宇治川」、大阪に入ってから淀川と名前をかえる。

三大暴れ川

広大な大陸の川とくらべ、山が多く海までの距離が短い日本の川は、流れが急になりやすくたびたび洪水をおこした。なかでも利根川、筑後川、吉野川は、それぞれ「坂東太郎」「筑紫次郎」「四国三郎」の異名をもち、日本三大暴れ川とよばれる。

筑後川と筑紫平野

筑後川は「筑紫次郎」の異名をもつ九州一の大河で、流域の筑紫平野（ちくしへいや と読むことも）は九州最大の稲作地帯。

吉野川　　　播磨平野

海に面しているのが平野
内陸で山に囲まれて
いるのが盆地だね

天塩川

石狩川と石狩平野

石狩川は、北海道最長の川。はん濫をふせぐために、蛇行していた部分を直線に改修して、長さが約100km短くなった。改修のなごりの三日月湖が多い。

根釧台地

十勝川と十勝平野

最上川と庄内平野

最上川は、山形県のほぼ全域を流域とする。流れが速く、富士川（山梨県・静岡県）、球磨川（熊本県）とともに「日本三大急流」のひとつ。

山形盆地

北上川と仙台平野

北上川は東北地方最長の川で、江戸時代から水運に利用され、仙台平野でとれた米など、物資の輸送にかかせない川だった。

輪中と水屋

洪水になやむ地域では、堤防で村をかこんで水害から命やくらしを守ることがあった。これを「輪中」といい、濃尾平野南部ではとくに発達している。さらに、盛り土の上に「水屋」という避難用の家をたてることもあった。

阿武隈川

利根川と関東平野

関東平野は、日本最大の平野。そこを流れる利根川は、長さは関東地方最長、流域面積は日本最大。

木曽川と濃尾平野

濃尾平野には、名古屋を中心とする大都市圏がつくられた。木曽川のほかに長良川、揖斐川も平野を流れ、「木曽三川」として知られる。

Q1 三重県の「海女」がアワビやサザエをとるときの漁法は？
1 一本釣り
2 素もぐり
3 鵜飼

Q2 滋賀県にある日本最大の湖「琵琶湖」は、県の面積のどれくらいをしめる？
1 6分の1
2 3分の1
3 2倍

Q3 京都府の丹後半島一帯でつくられる絹織物は？
1 祇園織
2 京ちぢみ
3 丹後ちりめん

Q4 大阪府に人やものが集まった歴史からよばれるようになった通称は？
1 天下の台所
2 天下の玄関口
3 天下のお座敷

Q5 兵庫県の姫路城が「白鷺城」とよばれるようになった理由は？
1 白い鷺が天守に舞いおりた伝説から
2 姫路藩主の代崎輝政が居城にしたから
3 外壁が白いしっくいで塗られたから

Q6 奈良県の伝統工芸品で、書の名人でもあった僧「空海」ゆかりの品は？
1 奈良紙
2 奈良硯
3 奈良筆

Q7 和歌山県の山中をはしる「熊野古道」は、おもになんのための道？
1 京へ文書を届ける
2 神社へのお参り
3 みかんや梅の出荷

中国地方

本州のいちばん西にあり、北の日本海と南の瀬戸内海にはさまれた地方。東西にはしる中国山地の北側を山陰地方、南側を山陽地方とよび、大きく気候風土がちがっている。

松江市

鳥取県

鳥取市

島根県

岡山県

岡山市

広島県

広島市

山口県

山口市

九州の大宰府と
京の都の中間にあったから
「中国」なんだって

国内有数の漁港と
日本最大級の砂丘をもつ

鳥取県

県庁所在地	鳥取市
面積	約 3507km²
人口	約 53 万 7000 人
県の木	ダイセンキャラボク
県の花	二十世紀ナシ
県の鳥	オシドリ

白兎海岸
白い砂浜が美しい海岸で、出雲神話「因幡の白兎」の舞台として知られる。近くには兎をまつった「白兎神社」がある。

鳥取砂丘

境港

● 境港市
米子市 ●
● 倉吉市
◎ 鳥取市

因州和紙
1300 年以上の歴史をもち、書道用の紙の生産量は日本の約 60 ％にもなる。江戸時代に農業のあいまの仕事として製紙業が発展した。

大山
中国地方でもっとも高い山で、古代から神のすむ神聖な山とされた。現代では登山やスキーなどが楽しめる観光地としても人気。

もとは伯耆国（伯州）と因幡国（因州）というふたつの国だったんだよ

二十世紀梨

県名の由来は、飛鳥時代のころ、朝廷のもとで鳥を取る（捕まえる）仕事をする人たちが住んでいたことから。この人たちは「鳥取部」とよばれたんだって。

東西南の三方を山にかこまれているため、北の日本海の海運が発達したよ。中国大陸や朝鮮半島からの文化の影響を受け、古代遺跡が多いのも持ちょうだね。

鳥取砂丘

日本海の海風が運んだ砂浜の砂と、川が運んだ山の土砂が、10万年以上かけて陸地に積もった、日本最大級の砂丘。スプリンクラーで水をまく「かんがい農業」で「らっきょう」などを栽培している。

二十世紀梨

人気のブランド梨で、生産量日本一。明治時代に千葉県から入り、いまは海外にも輸出する。「なつひめ」「新甘泉」など新品種も多い。

甘みのなかにある酸味とみずみずしさが魅力。

中国

境港

全国有数の水揚げ量をほこる漁港で、深海にいるベニズワイガニの水揚げは日本一。この地はマンガ『ゲゲゲの鬼太郎』の作者、水木しげるの出身地でもあり、「水木しげる記念館」も人気のスポットだ。

境港駅から「水木しげる記念館」までの「水木しげるロード」には178体もの妖怪の像が立つ。

鳥取砂丘は、防砂林やスプリンクラーによる水の供給などで農業が可能になったけど、近年一部では草原化が進み、砂丘の景観を守るために除草作戦をはじめたんだって。

水産業がさかんな
日本神話の舞台！

島根県

県庁所在地	松江市
面積	約 6708km²
人口	約 65 万人
県の木	クロマツ
県の花	ボタン
県の鳥	ハクチョウ

 宍道湖

◎ 松江市

 出雲大社

● 出雲市

● 安来市

 石見銀山

● 浜田市

● 益田市

隠岐の牛突き
雄牛どうしをぶつかり合わせる伝統行事。古くは罪人を送る地だった隠岐諸島に後鳥羽上皇が送られたとき、上皇をなぐさめるためにはじまったとされる。

雲州そろばん
兵庫県の「播州そろばん」とならぶ日本二大そろばんのひとつ。雲州とは、島根県東部の旧国名「出雲国」のこと。

たたら製鉄の伝統
安来市では砂鉄から鋼をつくる「たたら製鉄」の伝統を受けつぎ、現代ではカミソリの刃や包丁の原料となる特殊鋼の製造がおこなわれている。

『古事記』や『日本書紀』など多くの神話の舞台になっているので「神話の国」ともよばれているんだ

 日本神話の神さまスサノオノミコトが怪物ヤマタノオロチを退治したのも島根県！　ヤマタノオロチは頭と尾が 8 つずつある大蛇で、斐伊川の上流にすんでいたんだって。

東部の出雲地方、西部の石見地方、隠岐諸島の3つの地方からなり、それぞれ独自の歴史風土をもつよ。神話に多く登場する出雲大社を中心に発展したんだ。

出雲大社

縁結びの神として有名なオオクニヌシノミコトをまつる、日本最古の神社のひとつ。正式には「いづもおおやしろ」と読む。全国の神様が出雲に集まるという旧暦10月は、出雲では神在月、全国では神無月とよぶ。

出雲大社の神楽殿。正面の大しめ縄は全長13.6mで、日本で最大級だ。

宍道湖

周囲約45km、全国で7番目に大きい湖。真水と海水がまじる「汽水湖」で、うすい塩水を好むヤマトシジミの生産量が日本一。

シジミ漁は春から夏と冬の時期におこなわれる。

石見銀山

大田市にある日本最大の銀山跡で、世界文化遺産。戦国時代から江戸時代にかけてさかえた。武家屋敷や商家などがのこる大森地区が町の中心で、鉱山らしい見どころは、ノミ跡がのこる坑道「龍源寺間歩」。

出雲大社に集まった神さまたちは、農作物の出来や人びとの縁結びについての話しあいをするんだって。これを「神議り」とよぶんだ。

温暖な気候が果樹を
育てる「晴れの国」！

おかやまけん
岡山県

県庁所在地	岡山市
面積	約7114km²
人口	約184万7000人
県の木	アカマツ
県の花	モモ
県の鳥	キジ

くだもの王国

モモやブドウのほかに
柿やナシも
とれるんだって！

吉備津神社

岡山市にある、県内最古の神社。
本殿は「吉備津造り」とよばれる
独特の形で、国宝に指定されてい
る。昔話「桃太郎」ゆかりの神社
ともいわれる。

● 津山市

繊維のまち・倉敷

倉敷市は、江戸時代
からの古い町並みが
のこる一方、繊維の
原料になる綿の栽培
で発展し、現代では
学生服やジーンズの
生産がさかん。

総社市 ●

◎ 岡山市

倉敷市 ●

● 玉野市

備前焼

備前市を中心に生産される
陶器で、国の伝統的工芸品
に指定されている。平安時
代からの歴史をもち、シン
プルなデザインで、土の味
わいと使いやすさが魅力。

水島臨海工業地帯

瀬戸大橋

吉備津神社の「鳴釜神事」は、かまどでお湯をわかして釜の鳴る音で吉凶をうらなうと
いう、めずらしい神事。かまどの下には鬼の首がうまっていると伝わっているよ！

中国地方と四国地方をむすぶ交通の重要地点だね。瀬戸内海に面していて、温暖で晴れの日が多い気候をいかした果物栽培がさかん。工業地帯も発達しているよ。

瀬戸大橋

本州・四国間に最初にできた橋。道路と鉄道、両方が走ることができる6つの橋が、倉敷市と香川県坂出市を結ぶ。

鉄道・道路併用の橋としては世界一長い。

くだもの王国

「晴れの国」ともよばれるほど日照時間が長く温暖で、果物の生育にピッタリ。関係者の研究のつみかさねもあり、とくに高品質の評価をえている白桃やマスカットは大人気。

水島臨海工業地帯

倉敷市の水島地区。第二次世界大戦前から工業のまちだった。戦後、港の水深を深くする工事で出た土砂を使ったうめたて地が、工業地帯の基礎となった。石油・鉄鋼・自動車・食品など約220社が入る。

日本有数の工業地帯である瀬戸内工業地域の一部。

中国

岡山市にある「岡山後楽園」は、日本三名園のうちのひとつ。庭園が美しいのはもちろんだけど、園内には田んぼもあって、田植えのようすを見ることもできるんだ。

中国地方

平和への祈りを
発信する工業県

ひろしまけん
広島県

県庁所在地	広島市
面積	約8478km²
人口	約273万8000人
県の木	モミジ
県の花	モミジ
県の鳥	アビ

原爆ドーム

面積も人口も
中国地方で
最大の県なんだ

カキの養殖
450年

福山市

尾道市

東広島市

広島市◉

呉市

瀬戸内工業地域

嚴島神社
海中に立つ大鳥居が有名な日本三景のひとつで、国宝にして世界遺産。航海の守護神をまつっていて、平安時代末期には平氏の棟梁、平清盛も信仰した。

レモンの生産量日本一
温暖で雨の少ない気候をいかしたレモンやみかんの生産がさかん。呉市や尾道市の島じまでは多くのレモン畑が見られる。

瀬戸内しまなみ海道
本州から瀬戸内海の島じまを通って四国へと続く道路。正式名称は「西瀬戸自動車道」だが、歩いてもわたれる。全長は約60km。

戦国大名の毛利輝元が現在の広島市に築いた「広島城」の別名は「鯉城」。プロ野球球団「広島東洋カープ」の名前の由来（鯉は英語で「カープ」）のひとつなんだって！

92

瀬戸内海沿岸で造船業や機械工業が発達。世界ではじめて原子爆弾を落とされた地で、その悲劇を忘れないよう平和へのメッセージを発信し続けているよ。

原爆ドーム

県の特産品などを展示・販売する建物だったが、第二次世界大戦末期の1945年8月6日に落とされた原子爆弾によって、骨組みと一部の壁を残してふきとんだ。原爆のおそろしさをいまに伝えている。世界文化遺産に登録。

ドームのある広島市は「国際平和文化都市」として、核兵器の廃絶を世界へよびかけている。

カキの養殖 450年

波の静かな広島湾に川から栄養のある水が流れこむため、カキの養殖にピッタリ。江戸時代からの歴史をもち、生産量も日本一。

生産量は全国の約6割を占める。

瀬戸内工業地域

広島県を中心に中国・四国地方の瀬戸内海沿岸にひろがる。塩田や軍用地の再利用が多く、呉市の造船や広島市周辺の自動車をはじめ、機械・石油化学工業、鉄鋼業がさかん。

広島県は、なんと「県の魚」もカキ。県を代表する水産物だけど、近年は海水温の上昇とプランクトンの減少で、大きく育たない年もあるんだって。

中国地方

九州と本州をつなぐ
歴史と工業の地

やまぐちけん
山口県

県庁所在地	山口市
面積	約6113km²
人口	約129万8000人
県の木	アカマツ
県の花	ナツミカン
県の鳥	ナベヅル

関門海峡
下関市と福岡県北九州市の門司区から一字ずつとって名づけられた。平安時代末期に源氏と平氏が戦った「壇ノ浦の戦い」や幕末の「四国連合艦隊下関砲撃事件」の舞台。

松下村塾

石油化学コンビナート

秋吉台

下関市

山口市

周南市

岩国市

宇部市

関門トンネル
本州と九州とをむすぶ海底トンネル。鉄道が通る「関門鉄道トンネル」、自動車道の「関門国道トンネル」、山陽新幹線の「新関門トンネル」がある。

ふぐの取扱量
日本一

かつてふぐは食べることを禁じられていたが、1888年、山口県ではじめて食用が認められた。その後、下関市にふぐを扱う人びとが集まり、取扱量が日本一となった。

本州のいちばん
西にあって 三方を
海に囲まれているね

日本で唯一、ふぐ専門の魚市場がある下関では、ふぐのことを「ふく」とよぶよ。おめでたい「福」にあやかっているんだ。

新幹線や高速道路で本州と九州をつなぐ、交通の重要地点だね。瀬戸内工業地域の一部として重化学工業が発展する一方、歴史の重要な舞台になった県でもあるよ。

松下村塾

幕末に思想家の吉田松陰が先生をつとめた塾。塾生に、江戸幕府を倒そうとした高杉晋作や、明治維新後、初の総理大臣になった伊藤博文などがいる。

塾では階級や身分にとらわれず、塾生を受け入れた。

石油化学コンビナート

第二次世界大戦後に県東部の周南市や岩国市に形成された。周南コンビナートとよばれ、ソーダなど化学製品の生産がさかん。西部の宇部市周辺にはセメント工場が集まる。

中
国

秋吉台

長い年月をかけ、石灰岩が雨水や地下水によって溶かされてできた、日本最大級の「カルスト台地」。特別天然記念物に指定され、地下には巨大鍾乳洞「秋芳洞」が広がる。

大昔の秋吉台は海だった。その海のサンゴ礁が化石になり、秋吉台のもととなった。

福岡県に通じる関門国道トンネルの下には、人が歩いて通れる「関門トンネル人道」があって、中央部には山口県と福岡県の県境が表示されているんだって。

日本の工業

たくさんの工場が集まってさまざまな工業が発達しているところを
「工業地域」とよぶよ。さらに大規模になると「工業地帯」というんだ。

海ぞいに多いのは
材料や製品を船で運ぶの
に便利だからね

阪神工業地帯

金属工業の割合が高い
が、鉄鋼、造船などの重
工業から食品、繊維など
の軽工業まではば広い工
場が集まり、合計出荷額
は全国2位。

瀬戸内工業地域

石油化学工業、機械工業が発達。
自動車や船の生産でも知られる。

北九州工業地域

金属工業のほか、かんづめなど
の食料品工業の割合も高い。近
年はIT関連産業の育成も。

太平洋ベルト

太平洋ベルト

日本の主な工業地帯・地
域が帯のようにつらなっ
ていることから、こうよ
ぶようになった。工業先
進地域であり人口や経済
活動も集中しているが、
その分、公害などの問題
も深刻化したため、現在
では工場を他地域へ分散
するなどの対策もとられ
るようになった。

三大工業地帯

日本の工業をささえる「京浜工業地帯」「中京工業地帯」「阪神工業地帯」をまとめて、三大工業地帯とよぶ。かつては福岡の八幡製鉄所を中心にした「北九州工業地帯（現在は地域）」をふくめ四大工業地帯とよんだが、北九州の生産額減少やほかの工業地域の発展によって、現在のよび名が使われるようになった。

それぞれ出荷する製品に特ちょうがあるみたい！

北陸工業地域

金属工業と繊維工業の割合が高いのが特ちょう。冬に雪が多いことから地場産業や伝統工芸も発達。

関東内陸工業地域

関東の内陸にある工業地域をまとめたよび方。高速道路が発達し、内陸部でも工業がさかんになった。

京葉工業地域

石油化学コンビナートや造船、鉄鋼などの近代的大工場が多く、日本でも有数の重化学工業地域。

中京工業地帯

自動車をはじめとした輸送機械や機械工業の割合が高い。伝統工業から発展した繊維工業や陶磁器などの軽工業もさかんで、合計出荷額は全国1位。

東海工業地域

交通の便がよく水が豊富なことから発展した。自動車生産や機械工業にくわえ、紙製品や楽器製造もさかん。

京浜工業地帯

機械類の出荷が多く金属は少ない。中小規模の工場の割合が高く、伝統工業や印刷・出版業もさかん。

都道府県マスターのための

中国地方 検定

ほかの県と
まちがわない
ようにね

Q1
鳥取県の境港で、
日本一の水揚げ量を
ほこる海産物は?

❶ ベニズワイガニ

❷ ホタルイカ

❸ イセエビ

Q2
島根県北部にあり、
ヤマトシジミがよくとれる
宍道湖の特ちょうは?

❶ 真水と海水がまざり合っている

❷ 透明度が高く湖底が見える

❸ 火山の噴火でできた

Q3
岡山県の「瀬戸大橋」は、
岡山県とどこを
むすぶ橋?

❶ 鳥取県

❷ 福岡県

❸ 香川県

Q4
広島県の「原爆ドーム」は、
もとはなんのための
建物だった?

❶ 市役所

❷ 軍艦の建造

❸ 特産品の展示や販売

Q5
山口県の
「周南コンビナート」は、
いつごろからつくられた?

❶ 明治維新後

❷ 第二次世界大戦後

❸ 第一次オイルショック後

ひっかけ問題に
だまされないぞー

四国地方

むかしは「阿波国」
「讃岐国」「伊予国」
「土佐国」があったよ
だから"四"国なんだね！

高松市

香川県

徳島市

徳島県

松山市

愛媛県

高知県

高知市

四国島を東西にはしる四国山地をはさんで、
北の瀬戸内海側は雨が少なく、都市部では
工業が発達している。一方、南の太平洋
側は、温暖で雨が多く果樹栽培がさかん。

京阪神とつながり
阿波おどりの歴史を守る

徳島県（とくしまけん）

県庁所在地（けんちょうしょざいち）	徳島市
面積（めんせき）	約4147km²
人口（じんこう）	約69万5000人
県の木（けんのき）	ヤマモモ
県の花（けんのはな）	スダチ
県の鳥（けんのとり）	シラサギ

LED王国（エルイーディーおうこく）

徳島市や阿波市などのある徳島平野には、家庭用電球にも使われるLED（発光ダイオード）の工場が多く集まり、世界でも有数の生産量。

大鳴門橋（おおなるときょう）

鳴門市と兵庫県の淡路島をむすぶつり橋。自動車道の下に遊歩道があり、鳴門海峡の「渦潮」を見ることができる。

徳島市（とくしまし）

吉野川市（よしのがわし）

小松島市（こまつしまし）

阿南市（あなんし）

！ 鳴門の渦潮（なるとのうずしお）

県南部の海岸にはアカウミガメが産卵にくるんだって！

！ 阿波おどり（あわおどり）

四国巡礼の出発点（しこくじゅんれいのしゅっぱつてん）

仏教を広めた僧「空海」にゆかりのある88か所の霊場を巡る「四国八十八か所」。鳴門市の「霊山寺」がそのスタート地点。

！ 特産品（とくさんひん）すだち

徳島県は全国でもめずらしい「県の色」を決めているよ。それは「藍色」。江戸時代から藍染の染料「阿波藍」が特産品で、徳島の経済や文化を発展させてきたからなんだって！

むかしから京都、大阪、神戸といった関西の大都市とのつながりが強く、400年の歴史をもつ「阿波おどり」の時期には、本州からも大勢の観光客が訪れるよ。

阿波おどり

「踊る阿呆に見る阿呆」で知られる、伝統の盆踊り。徳島市で毎年8月に5日間おこなわれ、約100万人の観光客がおとずれる。「連」という集団が、町や会場内を踊り歩く。

400年以上続く盆踊りであり、参加人数・観客数ともに日本最大の規模。

特産品すだち

徳島うまれで、国内のほぼすべてが徳島産。ゆずやレモンのように酸っぱく、香りがさわやか。魚やめん類などにしぼる。

江戸時代から栽培され、1960年代に商業生産が本格化した。

鳴門の渦潮

徳島・淡路島間の鳴門海峡に発生するうず状の流れ。世界三大潮流のひとつで、直径は最大30m。中央のはやい流れと陸地側のおそい流れの差でうずが発生する。大鳴門橋の遊歩道や船からも見学できる。

阿波おどりの名前は、徳島県の旧国名「阿波国」が由来。「ぞめきおどり」、「組おどり」、「俄狂言」などの伝統的なおどりの影響を受けて今の形になったといわれているよ。

香川県
（かがわけん）

四国の北の玄関口は
日本一の「うどん県」

県庁所在地	高松市
面積	約1877km²
人口	約92万6000人
県の木	オリーブ
県の花	オリーブ
県の鳥	ホトトギス

弘法大師ゆかりの地
真言宗を開いて仏教の発展に大きな役割をはたした「弘法大師」こと空海は、香川出身。空海にまつわる伝説が県内各地にのこる。

オリーブの島

高松市

丸亀市　坂出市

三豊市

観音寺市

  讃岐うどん

金刀比羅宮
（ことひらぐう）

讃岐平野のため池
雨をふらせる「季節風」が南の四国山地と本州の中国山地にさえぎられ、雨が少ないため、古来、多くの「ため池」がつくられた。弘法大師ゆかりの「満濃池」もそのひとつ。

養殖ハマチ発祥の地
昭和時代のはじめに、現在の東かがわ市で全国初のハマチ養殖がはじまった。ハマチは「県の魚」にもなっている。

面積は全国で最小だけど
人口密度は四国で
いちばんなんだ

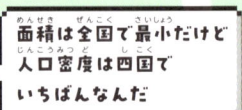
「四国八十八か所」は四国全域を巡るものだけど、小豆島の島内の霊場を巡る「小豆島八十八か所」もあるんだ。空海が小豆島で修行したことにちなんでいるんだって。

瀬戸大橋で本州とむすばれ、四国地方整備局など多くの国の機関がおかれる、四国地方行政の中心地だね。「讃岐うどん」が名物で、県は「うどん県」をPRしているよ。

讃岐うどん

うどん生産量・消費量、人口あたりのうどん店数が日本一。稲作に不向きだったこと、小麦・塩・しょうゆ・いりこといったうどんの材料が地元にあったことなどから名物になった。

しなやかなコシとツヤが特ちょう。名前は香川県の旧国名「讃岐国」が由来。

金刀比羅宮

「こんぴらさん」と親しまれる海の神様。江戸時代にこんぴら参りが大流行し、「丸亀うちわ」が人気のおみやげに。

農業や商売など幅広いご利益のある神社として、数多くの参拝者が訪れる。

オリーブの島

県北東の小豆島は瀬戸内海で2番目に大きい島。日本ではじめてオリーブ栽培に成功し、国内生産量の約9割が香川県産。しょうゆ、手のべそうめん、ごま油も有名。大坂城の築城には小豆島産の石がたくさん使われた。

金刀比羅宮は、本宮まで785段もある長〜い石段でも有名。じつは786段あがって1段さがるつくり。786は「な・や・む」につながるから、わざわざ1段さげたという説も!?

「かんきつ王国」は
漁業と工業もさかん

愛媛県（えひめけん）

県庁所在地（けんちょうしょざいち）	松山市（まつやまし）
面積（めんせき）	約 5676km²
人口（じんこう）	約 129万 1000人
県の木（けんのき）	マツ
県の花（けんのはな）	ミカン
県の鳥（けんのとり）	コマドリ

四国一の工業県（しこくいち こうぎょうけん）

新居浜（にいはま）などにコンビナートがあり、瀬戸内工業地域（せとうちこうぎょうちいき）の一角（いっかく）。江戸時代（えどじだい）には「紙の国（かみのくに）」ともよばれたほど紙づくりがさかんで、「大洲和紙（おおずわし）」は国（くに）の伝統的工芸品（でんとうてきこうげいひん）。

今治タオル（いまばりタオル）

日本最古の（にほんさいこの）温泉（おんせん）

今治市（いまばりし）

新居浜市（にいはまし）

西条市（さいじょうし）

松山市（まつやまし）

みかんの一大産地（いちだいさんち）

西日本最高峰（にしにほんさいこうほう）

四国山地（しこくさんち）の一部（いちぶ）「石鎚山（いしづちさん）」は、近畿地方（きんきちほう）より西（にし）ではいちばん高い山（たかいやま）。富士山（ふじさん）などとならんで「日本七霊山（にほんしちれいざん）」のひとつとして信仰（しんこう）されている。

宇和島市（うわじまし）

愛媛（えひめ）といえばみかん！だけじゃないんだね！

養殖漁業大国（ようしょくぎょぎょうたいこく）

マダイ、ブリなど海（うみ）での魚の養殖（さかなのようしょく）生産量（せいさんりょう）は日本一（にほんいち）。複雑（ふくざつ）に入りくんだ「リアス海岸（かいがん）」を利用（りよう）した「真珠の養殖（しんじゅのようしょく）」でも生産量日本一（せいさんりょうにほんいち）。

松山（まつやま）は、「松山城（まつやまじょう）」の城下町（じょうかまち）としてさかえ、代（だい）だいの藩主（はんしゅ）が学問（がくもん）に熱心（ねっしん）だったので俳句（はいく）や能楽（のうがく）などの文化（ぶんか）が発展（はってん）したよ。現代（げんだい）でも教育熱心（きょういくねっしん）な土地（とち）として知られているんだ。

温暖な気候をいかしたかんきつ類の生産や、穏やかな海での水産業が発展したよ。一方、伝統工芸や化学工業なども、四国のなかでもとくにさかんなんだ。

日本最古の温泉

松山市の「道後温泉」は日本最古といわれる温泉のひとつで、約3000年の歴史があるという。『古事記』や『日本書紀』にも記され、聖徳太子も入ったそうだ。夏目漱石の小説『坊っちゃん』に登場するため、まちには「坊っちゃん列車」という路面電車も走る。

有名な木造3階建ての本館は、夏目漱石や俳人の正岡子規も入浴していた公衆浴場。

今治タオル

今治市でつくられる、やわらかく吸水性にすぐれた高品質なタオル。糸を染める・織るなど200もの工場が集まる。

今治市にある「今治タオル美術館」。

みかんの一大産地

日本有数の生産量。おもに県南部の沿岸や瀬戸内の島じまの、日当たりと水はけのいい段々畑でつくられる。このほか40種類以上のかんきつ類やキウイフルーツも栽培。

四国

 愛媛県でも生産している「いよかん」は、漢字で書くと伊予柑。愛媛の旧国名「伊予国」が由来だよ。日本では温州みかんの次に生産量が多いかんきつ類なんだ。

105

四国地方

黒潮と清流がはぐくんだ
幕末の英雄の故郷

高知県（こうちけん）

県庁所在地	高知市
面積	約7102km²
人口	約66万6000人
県の木	ヤナセスギ
県の花	ヤマモモ
県の鳥	ヤイロチョウ

よさこい祭り

8月に高知市でおこなわれる。「鳴子」という楽器を打ち鳴らしながらまちをおどり歩く。はじまったのは1954年と比較的新しいが、全国的に有名になっている。

ゆずの名産地

四国山地にまたがる安芸市や馬路村などは寒暖差の大きい気候がゆずの栽培に適している。高知県のゆず生産量は日本一。

幕末の人気者
坂本龍馬の
生まれ故郷だね

高知市
南国市
土佐市
香南市

促成栽培

冬でもあたたかい高知平野では、ビニールハウスで「なす」や「ピーマン」などの夏野菜を通常より早く育てて出荷できる。

桂浜

四万十市

最後の清流

カツオの一本釣り

坂本龍馬の名前は、「竜馬」と書かれることもある。これは、旧字体と新字体という字のバージョンのちがい。「竜」の方が新字体だけど、現在は「龍」が使われることが多いんだ。

106

高知県沖を流れる黒潮の影響で海岸部はとくに温かく雨が多いため「南国土佐」ともよばれるよ。温暖な気候ときれいな水をいかした農業や水産業がさかん！

桂浜

高知市の浦戸半島にあるゆみなりの美しい砂浜で、民謡の『よさこい節』にもうたわれる月の名所。太平洋の荒波を見つめる「坂本龍馬」の像が立つ。

桂浜に立つ坂本龍馬の像。幕末に活躍した高知出身の英雄だ。

最後の清流

県西部を流れる四万十川は、「最後の清流」とよばれる四国最長の川。本流にダムがないため沈下橋などの風景が保たれ、200種以上の生物がすむ。伝統の「土佐和紙」は、四万十川や仁淀川など清流の水で漉く。

カツオの一本釣り

約400年の歴史をもつとされる、かつおを釣りざおで1匹ずつ釣る漁法。カツオをワラやカヤでいぶしてつくる「カツオのたたき」が郷土料理として有名。

大皿にカツオのたたきなどを豪華に盛りつける、郷土料理の「皿鉢料理」。

「四万十川」は、もとは地元の人たちがよんだ通称で、正式には「渡川」だったんだ。テレビで四万十川として紹介されて有名になったことで、正式に四万十川に変更したんだって。

四国

日本なんでもランキング

part1

日本を色いろなテーマでランキング！　まずは、広さや人口といった都道府県の基本のデータ、それから、地形や気候にまつわるテーマを選んだよ。

ほとんど差がないものもけっこうあるね！

面　積

1	北海道	約 8 万 3422㎢
2	岩手県	約 1 万 5275㎢
3	福島県	約 1 万 3784㎢
4	長野県	約 1 万 3562㎢
5	新潟県	約 1 万 2584㎢

人　口

1	東京都	約 1408 万 6000 人
2	神奈川県	約 922 万 9000 人
3	大阪府	約 876 万 3000 人
4	愛知県	約 747 万 7000 人
5	埼玉県	約 733 万 1000 人

1㎢あたりの人口密度

1	東京都	約 6400 人
2	大阪府	約 4600 人
3	神奈川県	約 3800 人
4	埼玉県	約 1900 人
5	愛知県	約 1400 人

山の高さ

1	富士山（山梨県・静岡県）	3776 m
2	北岳（山梨県）	3193 m
3	奥穂高岳（長野県・岐阜県） 間ノ岳（山梨県・静岡県）	3190 m
5	槍ヶ岳（長野県）	3180 m

河川の長さ

1	信濃川（千曲川）（長野県・新潟県）	367km
2	利根川（群馬県・埼玉県・栃木県・茨城県・千葉県・東京都）	322km
3	石狩川（北海道）	268km
4	天塩川（北海道）	256km
5	北上川（岩手県・宮城県）	249km

観測史上の最高気温　※（　）内は観測地点

1	静岡県（浜松） 埼玉県（熊谷）	41.1℃
3	栃木県（佐野） 岐阜県（美濃、金山） 高知県（江川崎）	41.0℃

観測史上の最低気温　※（　）内は観測地点

1	北海道 上川地方（旭川）	-41.0℃
2	北海道 十勝地方（帯広）	-38.2℃
3	北海道 上川地方（江丹別）	-38.1℃
4	静岡県（富士山）	-38.0℃
5	北海道 宗谷地方（歌登）	-37.9℃

観測史上の最深積雪　※（　）内は観測地点

1	滋賀県（伊吹山）	1182cm
2	青森県（酸ケ湯）	566cm
3	新潟県（守門）	463cm
4	山形県（肘折）	445cm
5	新潟県（津南）	419cm

都道府県マスターのための

四国地方検定

Q1

徳島県の「鳴門海峡」で
よく見られる、
特ちょう的な海のようすは?

❶ 海面の温度が高くなる
「エルニーニョ現象」

❷ 海流がうずをまく「渦潮」

❸ 海上にあるはずのない
陸地が見える「蜃気楼」

Q2

香川県で「こんぴらさん」
と親しまれる金刀比羅宮が
まつるのは、なんの神さま?

❶ 芸能と縁結び

❷ 戦と財産

❸ 海と航海

Q3

愛媛県の「道後温泉」に
入ったことがあるとされて
いる、歴史上の有名人は?

❶ 聖徳太子

❷ 卑弥呼

❸ 葛飾北斎

Q4

高知県で、四国山地の
寒暖差をいかしてつくられる、
特産のかんきつ類は?

❶ すだち

❷ ゆず

❸ みかん

けっこう
むずかしいよ～?

サクッと正解
しちゃおう!

九州地方

一年を通してあたたかく、台風の通り道なので雨も多い。現在も活動する火山があり、地熱発電や温泉が有名。大陸に近く古くから外国との交流もさかん。

むかしは9つの国があったから"九"州なんだ！

福岡市
福岡県

佐賀県
佐賀市

大分県
大分市

長崎市
長崎県

熊本市

熊本県

宮崎県
宮崎市

鹿児島県
鹿児島市

沖縄県

那覇市

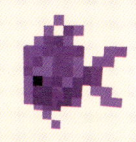

九州地方

九州の経済・文化を
ひっぱる工業県

福岡県

県庁所在地	福岡市
面積	約4988km²
人口	約510万3000人
県の木	ツツジ
県の花	ウメ
県の鳥	ウグイス

九州一の交通拠点

博多駅は、東海道・山陽新幹線で東京・大阪に、九州新幹線で鹿児島に、在来線と西九州新幹線で九州のおもな都市とつながる。博多港は、古くは「遣隋使」「遣唐使」も送りだした、歴史的国際港。

太宰府天満宮

辛子明太子

北九州市

福岡市

飯塚市

久留米市

朝倉市

博多祇園山笠

約780年の歴史をもつとされ、福岡市博多区の櫛田神社を中心におこなわれる。「博多人形」をあしらった「かざり山笠（山車）」と、かつぎあげる「かき山笠」が有名。

北九州工業地域

いちご栽培

ブランド品種「あまおう」が人気。名前の由来は「あかい・まるい・おおきい・うまい」の頭文字から。

「屋台の軒数」が
日本一という
かわった記録も！

県庁所在地の名前を決めるとき、「福岡市にするか博多市にするか」で大論争になったんだって。結局福岡市になったけど、「博多」という名前はあちこちにのこっているよ。

本州とつながる九州地方の玄関口で、朝鮮半島や中国に近いことから、外国文化の窓口としても発展したよ。九州地方の経済・文化の中心地だよ。

北九州工業地域

北九州市を中心とした工業地域。日本の近代化をささえた「官営八幡製鉄所」を原点として、金属・化学工業が発展した。現在では自動車の組みたてなどの機械工業がさかん。

八幡製鉄所で活躍していた東田第一高炉跡。現在は市の史跡として保存されている。

辛子明太子

朝鮮半島との交流のなかで日本に伝わった「スケトウダラの卵を使った保存食」がルーツ。現在では消費量全国一で、土産物としても人気。

名前の由来は、朝鮮半島各地でスケトウダラを「ミンタイ」とよぶことから。

太宰府天満宮

学問の神様「菅原道真」をまつる全国の「天満宮」の総本宮で、合格祈願の受験生でにぎわう。平安時代に無実の罪で道真が流されたのが「大宰府」で、その無念の思いをしずめるために建てられた神社。梅の名所でもある。

九州

大宰府はもともと、九州地方をおさめつつ、大陸との外交や防衛にあたった役所。飛鳥時代のころは、都の朝廷の次に強い権限をもっていたんだって。

陶磁器で知られる
米どころ麦どころ

佐賀県（さがけん）

県庁所在地	佐賀市
面積	約 2441 km²
人口	約 79 万 5000 人
県の木	クス
県の花	クスノハナ
県の鳥	カササギ

呼子のイカ（よぶこ）

唐津市に面した「玄界灘」は、イカやサバ、アジなどの好漁場として知られる。呼子港は、イカの水揚げで有名。

唐津くんち（からつ）

江戸時代には唐津藩の城下町だった唐津市で毎年 11 月におこなわれる祭。ちょうちんで飾られた曳山（山車）が市内を巡る。

平野での二毛作（へいや）（にもうさく）

筑紫平野のうち、佐賀県内の佐賀平野は全国有数の稲作地帯。米の収穫後に、ビールの原料になる二条大麦を栽培する二毛作がおこなわれる。

唐津市（からつし）

伊万里市（いまりし）

鳥栖市（とすし）

佐賀市（さがし）

! 吉野ヶ里遺跡（よしのがり）（いせき）

弥生時代から
お米をつくって
たんだね！

! 伊万里・有田焼（いまり）（ありたやき）

! 有明海（ありあけかい）

佐賀市では毎年、熱気球の操縦技術を競う国際大会「佐賀インターナショナルバルーンフェスタ」がひらかれるよ。熱気球の博物館もある「熱気球のまち」なんだ。

海の恵みと平野の恵みを受けて、古代から人びとが集落をつくったよ。朝鮮半島と近いことで、陶磁器づくりなどの文化が伝わったんだ。

 有明海

日本一の干満差を利用したノリの養殖が有名。干潮時は広大な干潟になりムツゴロウなどめずらしい生物が出現！

ムツゴロウとシオマネキ。どちらも絶滅危惧種に指定されている。

 伊万里・有田焼

白地に赤や青などの絵付けをした焼きもので、国の伝統工芸品に指定されている。豊臣秀吉の朝鮮ぜめで日本に連れてこられた職人が、有田町や伊万里市で磁器をつくって発展。江戸時代から輸出先のヨーロッパで大人気だった。

 吉野ヶ里遺跡

日本最大級の弥生時代集落の遺跡。多くの建物跡や稲作などの道具が発掘された。竪穴住居や高床倉庫、周囲をめぐる堀などが復元されている。歴史公園なので遺跡内を見学できる。

吉野ヶ里遺跡の一部に復元された建物と堀。弥生時代の人びとの生活を知ることができる。

九州

 吉野ヶ里遺跡は、伝説の女王「卑弥呼」がおさめた「邪馬台国」と関係するのでは、といわれるよ。邪馬台国は「九州説」と「近畿説」があり、決着はついていないんだ。

海外貿易（かいがいぼうえき）でさかえた
島と港（しまとみなと）のくに

ながさきけん　長崎県

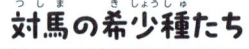

県庁所在地（けんちょうしょざいち）	長崎市（ながさきし）
面積（めんせき）	約（やく）4131㎢
人口（じんこう）	約（やく）126万（まん）7000人（にん）
県の木（けんのき）	ヒノキ・ツバキ
県の花（けんのはな）	ウンゼンツツジ
県の鳥（けんのとり）	オシドリ

漁業大国（ぎょぎょうたいこく）
全国（ぜんこく）3位（い）（2022年（ねん））の漁獲量（ぎょかくりょう）をほこり、サバやアジの漁獲量（ぎょかくりょう）は全国一（ぜんこくいち）。近年（きんねん）は漁師（りょうし）の後継者不足（こうけいしゃぶそく）などで漁獲量（ぎょかくりょう）がへってきている。

対馬の希少種たち（つしまのきしょうしゅたち）
古（ふる）くから朝鮮半島（ちょうせんはんとう）と日本（にほん）をむすぶ中継点（ちゅうけいてん）だった「対馬（つしま）」には、ツシマヤマネコやツシマアカガエルなど、この島（しま）でしか見（み）られない生（い）きものが多（おお）く生息（せいそく）する。

びわ生産日本一（せいさんにほんいち）
あたたかい気候（きこう）が、寒（さむ）さに弱（よわ）いびわの栽培（さいばい）に適（てき）している。江戸時代（えどじだい）、中国（ちゅうごく）から伝（つた）わった種（たね）をまいたことがはじまりといわれている。

島の数は日本一！（しまのかずはにほんいち）
県の面積の45％は（けんのめんせきのパーセントは）
島なんだって！（しまなんだって）

佐世保市（させぼし）
大村市（おおむらし）

島原市（しまばらし）
長崎市（ながさきし）◎
諫早市（いさはやし）

五島列島（ごとうれっとう）

出島（でじま）

平和公園（へいわこうえん）

長崎県（ながさきけん）は漁（りょう）や海上交易（かいじょうこうえき）だけでなく、それに欠（か）かせない船（ふね）づくりもさかんで、輸出額（ゆしゅつがく）は全国（ぜんこく）トップクラス。幕末（ばくまつ）に製鉄所（せいてつじょ）がつくられ、そこから造船業（ぞうせんぎょう）がさかんになったよ。

4つの半島と日本最多をほこる島じまからなる県。北海道に次ぐ長さの海岸線に多くの良港がある、日本有数の水産県だ。

出島

キリスト教を禁じた江戸幕府が、ポルトガル人を収容するために築いた長崎港の人工島。のちに平戸からオランダ商館がうつされ、鎖国中の約200年間西洋との唯一の窓口になった。

出島の「出島和蘭商館跡」に復元された当時の建物の内部。観光地としても人気。

平和公園

1945年8月9日に原子爆弾が投下された地点を中心とした公園。丘の上の平和祈念像が平和への願いを象徴する。

平和祈念像。右手は「原爆の脅威」、左手は「平和」の意味がこめられている。

五島列島

県西側の海にうかぶ島じま。手つかずの雄大な自然がのこり、水産業もさかん。息をひそめて「禁教令」を乗りこえたキリシタンたちが伝えた信仰の歴史を、多くの教会がもの語る。一部が世界文化遺産に登録されている。

長崎市の「長崎くんち」は、出島がつくられたのと同じころから続く秋祭り。旧暦9月9日を縁起のよい日とする中国の風習から「9日」を「くんち」とよんだという説があるよ。

農業と工業が
さかんな「火の国」

くまもとけん
熊本県

県庁所在地	熊本市
面積	約7409km²
人口	約170万9000人
県の木	クスノキ
県の花	リンドウ
県の鳥	ヒバリ

！ 熊本城　くまもとじょう

！ 阿蘇山　あそさん

九州屈指の農業県
菊池平野の「菊池米」は酒米、すし米として有名。また、「スイカ」と「トマト」の生産量は全国一。たたみの材料「い草」は、国内収穫量の99％が熊本産。

天草諸島
江戸時代、弾圧された日本のキリスト教徒による「島原・天草一揆」の舞台。主戦場となった長崎県「原城」とともに世界文化遺産に登録。

合志市　こうしし

玉名市　たまなし

◎ 熊本市　くまもとし

！ 半導体産業　はんどうたいさんぎょう

八代市　やつしろし

天草市　あまくさし

肥後の赤牛
阿蘇山のふもとの広大な草原では多くの肉牛や乳牛が飼育されている。また馬の放牧もおこなわれ、むかしは軍馬や農耕馬として使われた。

旧国名の「肥後国」は「火(肥)の国」が変化したものらしいよ？

九州本土と天草諸島のあいだの八代海沖には、謎の光「不知火」があらわれる。海上をゆれ動くその光（じつは蜃気楼！）は、旧暦8月1日の前後にしか見られないんだ。

九州を代表する火山「阿蘇山」があることから「火の国」とよばれたよ。稲作、野菜やくだもの栽培、畜産とバランスよく発展したうえ、近年は先端技術産業もさかんなんだ。

阿蘇山

阿蘇地方の5つの山を中心とした火山群と火口をまとめて「阿蘇山」とよぶ。噴火によってできたくぼ地「カルデラ」の大きさは世界最大級。阿蘇カルデラには約5万人がくらしている。

阿蘇山のひとつである、中岳の噴火口。阿蘇山の周辺には温泉が多く、観光客も多い。

熊本城

日本三名城のひとつで、築城者は加藤清正。武者返しの石垣が有名。2016年の熊本地震で被災したが、修復が進む。

震災前の熊本城。反り返った石垣（武者返し）をそなえた難攻不落の城。

半導体産業

1960年代に熊本市にIC（集積回路）工場ができてからさかんになった。飛行機で小さく軽い製品を運ぶのに便利なため、近年は空港の近くに工場が集まり、阿蘇くまもと空港から台湾などに運ばれている。

九州

名物「からし蓮根」は、れんこんの穴にからしみそをつめて衣をつけ、油であげたもの。輪切りの断面が藩主・細川氏の家紋とにていたため、明治維新までは庶民は食べられなかったんだって！

大地の力をいかした
日本一の「温泉県」

おおいたけん
大分県

県庁所在地	大分市
面積	約6341km²
人口	約109万6000人
県の木	ブンゴウメ
県の花	ブンゴウメ
県の鳥	メジロ

! 別府温泉

! 地熱発電

特産品かぼす
実が緑色のかんきつ類。県内の市町村それぞれで特産品をつくる「一村一品運動」をきっかけに特産品として注目された。国内のほぼすべてのかぼすが大分県産。

中津市

日田市

別府市●

大分市

! 関サバ・関アジ

崖に掘られた仏様
県内では自然の岸壁に掘られた仏像「磨崖仏」が多く見られる。臼杵市の「臼杵石仏」は、61体のうち59体が国宝。国東半島の磨崖仏も有名。

佐伯市●

どんこ（冬菇）
「どんこ」とは、かさが開ききる前に収穫して乾燥させた干ししいたけのこと。大分県は干ししいたけの生産量日本一。

気軽にいける
「地獄」があるって
本当なの!?

宇佐市の「宇佐神宮」は、「八幡さま」とよばれる全国の八幡宮の総本宮。神さまを信仰する神道と仏さまを拝む仏教を融合させる「神仏習合」発祥の地のひとつとされるよ。

雨が少なくあたたかい県で、火山も多いよ。温泉のわき出る「源泉」の数と湯量が日本一の「温泉県」であり、地熱エネルギーの活用にも力を入れているんだ。

地熱発電

火山活動で熱くなった地下水の水蒸気で電気をつくる「地熱発電」を使った電気量は日本一。国内の資源をうまく活用した発電方法で、九重町の八丁原発電所が日本最大。温泉が多い大分県ならではだ。

関サバ・関アジ

瀬戸内海と太平洋がぶつかる「豊後水道」で、一本釣りによりとれるマサバとマアジのこと。身がプリプリの高級ブランド魚として知られる。

別府温泉

「温泉県」を代表する温泉地。源泉数は約2800、湯の種類も10種類と豊富。「地獄めぐり」は「鉄分で赤い湯＝血の池地獄」など地獄に見立てた7つの源泉を見学する観光の目玉。

「地獄めぐり」のうちのひとつ「海地獄」。水面が美しい青に見える。

九州

別府温泉の「地獄めぐり」でまわるのは、海地獄、血の池地獄、龍巻地獄、白池地獄、鬼石坊主地獄、かまど地獄、鬼山地獄の7つ。2〜3時間くらいで回ることができるよ。

南国ムードただよう
日本神話のさと
宮崎県

県庁所在地	宮崎市
面積	約7734km²
人口	約104万2000人
県の木	フェニックス
県の花	ハマユウ
県の鳥	コシジロヤマドリ

天孫降臨伝説
日本神話では、天上の世界「高天原」を支配する天照大神が、孫のニニギノミコトを地上につかわしたとされる。一説では、ニニギノミコトがおりたったのが宮崎県の高千穂の峰だという。

天岩戸神社

延岡市

マンゴー

日向市

高千穂峡

西都原古墳群
西都市にある、3世紀末から7世紀にかけての古墳群。一部は皇族の墓の可能性があるともいわれ、銅鏡、玉（宝玉）、武具、はにわなどが出土している。

宮崎市

都城市

きゅうりの
生産量日本一
宮崎平野では、ビニールハウスなどをつかった「促成栽培」がさかん。きゅうりのほかに、ピーマンの生産量も日本有数。

日南市

県の木
「フェニックス」は
ヤシの木の一種！

宮崎県は豚、牛、肉用若鳥（ブロイラー）のどれもが、飼育頭数全国トップクラス。ブランド地鶏「みやざき地頭鶏」は、天然記念物「地頭鶏」を品種改良して生まれたんだ。

九州地方でもっとも温暖で高温多湿で、気候をいかした農業や畜産業がさかん。古代から人がくらしていたことをしめす古墳も多く残っているよ。

天岩戸神社

日本神話で、弟のスサノオノミコトの乱暴をなげいた天照大神がかくれたという洞窟「天岩戸」をまつる。近くには、こまった神様たちが会議をひらいたという「天安河原」も。

マンゴー

日照時間の長い土地がらをいかして生産される、トロピカルフルーツ。熟すと自然に落ちてしまうのでネットにつつんで栽培する。

最高級ブランド「太陽のタマゴ」は、糖度・重さなどの基準がきびしい。

高千穂峡

阿蘇山噴火時の火砕流がつもって固まった岩を、五ヶ瀬川がけずってできた。高さ80〜100mのがけが7kmもつづく。真名井の滝周辺は、滝の水がベールのように落ちて神話のさとらしい幻想的な景色。国の天然記念物。

貸しボートで真名井の滝周辺を観光できる。真名井の滝は日本の滝百選に入っている。

九州

江戸時代は、武道に力を入れていた「薩摩藩」がおさめた県南西部は、竹を使った弓や竹刀の生産がさかん！都城市では弓道の全国大会もひらかれるよ。

火山がつくった台地と自然ゆたかな島じま！

鹿児島県（かごしまけん）

県庁所在地	鹿児島市
面積	約9186km²
人口	約154万9000人
県の木	クスノキ
県の花	ミヤマキリシマ
県の鳥	ルリカケス

出水市（いずみし）

薩摩川内市（さつませんだいし）

霧島市（きりしまし）

鹿児島市（かごしまし）

鹿屋市（かのやし）

鉄砲がはじめて伝わった「種子島」も鹿児島県！

桜島（さくらじま）とシラス台地（だいち）

面積の約3割が島

大隅諸島、トカラ列島、奄美群島などの島じまをまとめて「薩南諸島」とよぶ。約140ある島の面積だけで県の面積の27％をしめ、沖縄県より広い。

黒豚（くろぶた）

北海道に次いで畜産業がさかんで、なかでもブタの飼育・生産数は日本一。ブランド豚「かごしま黒豚」は、中国から沖縄をへて伝わったとされる。

サツマイモ

屋久島（やくしま）

明治維新に貢献

江戸時代には「薩摩藩」がおさめた土地で、「西郷隆盛」や「大久保利通」など、明治維新の実現に大きな役割をはたした人物をうみだした。

種子島にある「種子島宇宙センター」は、日本最大のロケット発射場。発射台は緑の山とサンゴ礁にかこまれた海岸線にあり、世界一美しいロケット発射場といわれているんだ！

九州の南部と薩南諸島からなる県。九州本土は「シラス」とよばれる火山灰がふりつもった台地が特ちょうで、畜産業などがさかんなんだ。

 桜島とシラス台地

桜島は、鹿児島湾にある活火山。噴火と火山灰が降るのは日常。1914年の大噴火で大隅半島と陸つづきになった。県全体に火山から出た火山灰などの噴出物が積もり、現在の「シラス台地」が誕生した。

島全体が国立公園に指定されていて、市街地からフェリーが往復している。

 サツマイモ

生産量日本一。シラス台地は水はけが良すぎるため稲作には不向きで、乾燥に強いサツマイモや茶が栽培された。

約400年前に薩摩（現在の鹿児島）に伝わったので、サツマイモとよばれる。

 屋久島

大隅半島の南約60kmにうかぶ、世界自然遺産の島。九州最高峰の「宮之浦岳」があり、貴重な動植物が多く世界遺産に登録。樹齢1000年をこえる「屋久杉」の原生林がある。

屋久杉のなかでももっとも古く大きいとされる「縄文杉」。高さは25.3mにもなる。

九州

 特産品の「桜島ダイコン」は、世界一重いだいこんとしてギネス記録をもつ。直径40cm、重さ20kgにもなり、江戸時代にはもう巨大だいこんとして有名だったんだって！

「琉球王国」が伝えた
独自の伝統文化！

おきなわけん 沖縄県

県庁所在地	那覇市
面積	約2282km²
人口	約146万8000人
県の木	リュウキュウマツ
県の花	でいご
県の鳥	ノグチゲラ

ほかにない自然と
文化で観光地と
しても人気！

家の守り神

「シーサー」は、獅子の形をした焼きもので、魔よけとして屋根や門、村の入り口などにとりつける。名前は沖縄の言葉で「獅子さん」の意味。

アメリカ軍基地

ひめゆりの塔

沖縄は第二次世界大戦で戦場になった。糸満市にある「ひめゆりの塔」は、沖縄戦で亡くなった女学生と教師のための慰霊碑。

うるま市
宜野湾市
浦添市
那覇市 ◎
沖縄市

首里城

西表島

沖縄本島の南西につらなる「先島諸島」のひとつ。この島だけにすむ天然記念物「イリオモテヤマネコ」や、「マングローブ」の密林で有名。

さとうきび

県の蝶に指定されている「オオゴマダラ」は、はねを広げると13cmにもなる日本最大級の蝶。毒のある植物の葉を食べて育ち、体に毒をたくわえることで身を守るんだ！

126

日本列島の南西のはしにある県で、約 160 の島じまからなるよ。明治時代のはじめまでは、「琉球王国」としてさかえ、現在でも独自の文化をのこしているんだ。

首里城

日本の室町時代から明治時代初期の約 450 年にわたって南西諸島に存在した琉球王国の城。朱色の正殿が有名。2019 年の火災で焼失したが、2026 年に復元完了の予定だ。

首里城の守礼門。写真は、第二次世界大戦でうしなわれた後、1958 年に復元されたもの。

さとうきび

沖縄では「ウージ」とよばれ、生産量日本一。しぼり汁からさとうがつくられる。パイナップルやゴーヤーも生産量が多い。

さとうきびは災害に強く、台風の多い沖縄でもよく育つ。

アメリカ軍基地

アメリカ軍は日本や東アジアを守る目的で日本国内に基地をおいているが、国内のアメリカ軍専用施設のうち約 7 割が沖縄県にある。多くが町の近くにあるため、騒音・事故などの問題をかかえている。

九州

県を代表する夏野菜で生産量日本一の「ニガウリ」は、「ゴーヤ」とよんだり「ゴーヤー」とのばしたりするけど、「ゴーヤー」の方が沖縄の発音に近いんだ。

日本なんでもランキング part2

ここからは、みんながふだん食べている、
いろいろな食材の生産県ランキング！
きみの好きな食べものは、
どこでつくられているかな？

食料生産に強い県が見えてくるかも!?

米の収穫量
1 新潟県
2 北海道
3 秋田県
4 宮城県
5 福島県

いちごの収穫量
1 栃木県
2 福岡県
3 熊本県
4 愛知県
5 静岡県

ぶどうの収穫量
1 山梨県
2 長野県
3 岡山県
4 山形県
5 北海道

りんごの収穫量
1 青森県
2 長野県
3 岩手県
4 山形県
5 福島県

じゃがいもの収穫量
1 北海道
2 長崎県
3 鹿児島県
4 茨城県
5 千葉県

にんじんの収穫量
1 北海道
2 千葉県
3 徳島県
4 青森県
5 長崎県

レタスの収穫量

1 長野県
2 茨城県
3 群馬県
4 長崎県
5 静岡県

肉用牛の飼育頭数

1 鹿児島県
2 宮崎県
3 北海道
4 熊本県
5 長崎県

肉用豚の飼育頭数

1 鹿児島県
2 北海道
3 宮崎県
4 群馬県
5 千葉県

肉用若鶏の飼育羽数

1 鹿児島県
2 宮崎県
3 岩手県
4 青森県
5 北海道

まぐろ類の漁獲量

1 宮城県
2 静岡県
3 高知県
4 宮崎県
5 鹿児島県

さけ・ます類の漁獲量

1 北海道
2 青森県
3 秋田県
4 岩手県
5 新潟県

さば類の漁獲量

1 長崎県
2 茨城県
3 宮城県
4 北海道
5 岩手県

生乳の生産量

1 北海道
2 栃木県
3 大分県
4 群馬県
5 岩手県

おいしいもの
たーくさんつくってくれて
ありがとう〜!

このページで紹介しているランキングは、それぞれ農林水産省による以下の統計資料に基づいています。作物統計作況調査令和6年（米の収穫量）、同令和5年（いちごの収穫量、ぶどうの収穫量、りんごの収穫量、じゃがいもの収穫量、にんじんの収穫量、レタスの収穫量）、畜産物流通調査令和5年（肉用牛の飼育頭数、肉用豚の飼育頭数、肉用若鶏の飼育羽数）、海面漁業生産統計調査令和4年（まぐろ類の漁獲量、さけ・ます類の漁獲量、さば類の漁獲量）、牛乳乳製品統計調査令和5年（生乳の生産量）。

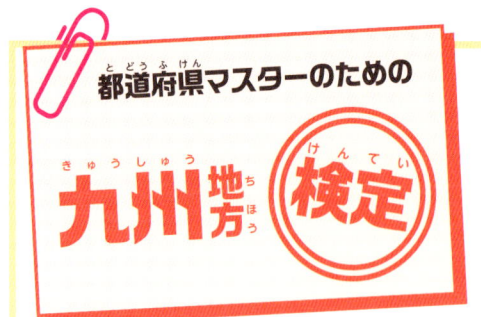

都道府県マスターのための

九州地方検定

全問正解できたかな？

Q1 福岡県にあり官営八幡製鉄所を原点にもつ、工業がさかんなエリアの名前は？
1. 九州工業地帯
2. 北九州工業地域
3. 九州八幡工業地区

Q2 佐賀県の「伊万里・有田焼」とは、どんなもの？
1. むかしから伝わる郷土料理
2. 伝統的な陶磁器
3. 麦の収穫量をふやす農法

Q3 長崎県の人工島「出島」は、なんのためにつくられた？
1. 国際空港を建設するため
2. 徳川将軍家の別荘にするため
3. 外国人をすまわせるため

Q4 熊本県は、活火山「阿蘇山」にちなんで、なんの国とよばれた？
1. 火の国
2. 地の国
3. 木の国

Q5 大分県でさかんな発電は？
1. 火山のエネルギーを使う地熱発電
2. 急流にダムを建造する水力発電
3. 海上に巨大風車をたてる風力発電

Q6 宮崎県ゆかりの神話で、天照大神がかくれた「天岩戸」とはどんなところ？
1. 砦
2. 洞窟
3. 火山の火口

Q7 鹿児島県の南の海上にあり、貴重な動植物が多くのこる世界遺産の島は？
1. 桜島
2. 屋久島
3. 鹿児島

Q8 沖縄県で、家の屋根や村の入り口などにおかれる焼きものの守り神は？
1. シーサー
2. ウージ
3. チャンプルー

答え A1.2 A2.2 A3.3 A4.1 A5.1 A6.2 A7.2 A8.1

日本列島データベース

ここからは
いろいろな
テーマごとに日本を
紹介していくよ！

まだまだ知らない
都道府県の一面が
見えちゃうかも！
たのしみー

日本の郷土料理 東日本編

各地方に、むかしから伝わる「郷土料理」！どれもおいしそう〜。それぞれの気候風土にあった素材や調理法で、料理からその土地の特ちょうがわかったりするんだよね。

いも煮(山形県)
→ 20ページ

おっきりこみ(群馬県)
はば広のめんを、野菜とともに煮込む。名前は、広く伸ばしためん生地に包丁で「切りこみ」を入れることから。

おやき(長野県)
味つけしたナスやカボチャ、野沢菜などのしょっぱい具が特ちょうのおまんじゅう。
蜂の子(長野県)→ 57ページ

ほうとう(山梨県)
はば広の短いめんを、カボチャ、にんじん、さといもなどといっしょに、みそで煮込む。

へらへら団子(神奈川県)
平たくつぶした団子にあんをからめた、あんころ餅。三浦半島西部に伝わる。

きりたんぽ(秋田県)
➡ 18 ページ

ジンギスカン(北海道)
ヒツジ肉の焼肉。中央がもり上がった特ちょう的な鍋を使う。

わんこそば(岩手県)
ほんの少しのそばとつゆが入った小さな椀をたくさん並べ、食べるたびにどんどんおかわりをしていく。

しもつかれ(栃木県)
正月料理につかった鮭や節分の大豆のあまりなどを酒かすと煮込んだもの。もとは神さまへのおそなえ。

そぼろ納豆(茨城県)
茨城の名産品である納豆に、切り干しだいこんをまぜこんで味つけしたもの。

くさや(東京都)
発酵させたつけ汁につけてから干す、魚のひもの。独特の強いにおいがする。

※出典：農林水産省ウェブサイト (https://www.maff.go.jp/j/keikaku/syokubunka/k_ryouri/index.html)

日本の郷土料理 西日本編

しじみ汁（島根県）

島根県の「宍道湖」は、大粒のヤマトシジミが名物のひとつ。年間を通じてとれるので日常的に食べられる。

鯛そうめん（愛媛県）

姿煮の鯛をそうめんといっしょにもりつけ、鯛の煮汁で味をつける、おめでたい日のごちそう。

ままかりの酢漬け（岡山県）

ままかりとは、ニシンの仲間の小魚のこと。名前は「まんま（ごはん）を借りにいく」ほどおいしい、ということから。

ちゃんぽん（長崎県）

肉、魚介、野菜たっぷりのめん料理。名前は、「かんたんなごはん」を意味する中国語説と、「まぜる」を意味するポルトガル語説がある。

冷や汁（宮崎県）

魚のだしをとった冷たいみそ汁を、きゅうりなどをのせた麦飯にかけたもの。さっぱりとして暑い日でも食べやすい。

そば米ぞうすい（徳島県）

そばの実を、そば粉にするのではなく、そのままゆでて食べるのが「そば米」。源平合戦でやぶれ、落ちのびた平氏の人びとがつくったとされる。

※出典：農林水産省ウェブサイト (https://www.maff.go.jp/j/keikaku/syokubunka/k_ryouri/index.html)

あごのやき（鳥取県）

「あご」とは山陰地方でのトビウオのよび名。「あごちくわ」ともいう。

ますずし（富山県）

江戸時代からつくられ、徳川将軍にも献上された。大正時代に駅弁として売り出され、全国区の人気に。

さばのへしこ（福井県）

内臓をとったさばを塩漬けにし、さらにぬか漬けにした保存食。お茶漬けやおにぎりの具にぴったり。

朴葉みそ（岐阜県）

朴の木の葉っぱのうえにこうじみそを乗せ、下から火であぶりながら食べる。

みそ煮込みうどん（愛知県）

八丁みその独特の風味と、こしの強いうどんが特ちょう。具は油あげ、とり肉、かまぼこなどが多い。

くじらの竜田あげ（和歌山県）

低カロリー、低脂肪で栄養豊富。くじら漁で有名な太地町では、くじらの刺身なども食べられる。

ゴーヤーチャンプルー（沖縄）

「チャンプルー」は、沖縄の固めの豆腐「島豆腐」と季節野菜のいためもののこと。ゴーヤー（ニガウリ）は栄養豊富で夏バテ防止にもなる。

それぞれの土地にゆかりのある人物を集めたよ。武将や政治家、文学者など、いろんな人たちがいるね。それぞれ何をした人たちか、知っているかな?

小林多喜二（秋田県）

明治〜昭和時代の作家。『蟹工船』で、どれいのように働かされる人びとの抵抗を描いた。

直江兼続（山形県）

山形の上杉氏をささえた戦国武将。写真は、兼続の甲冑を復元したもの。

那須与一（栃木県）

源平合戦で活躍した、源氏の武士。弓の名手として知られる。

上杉謙信（新潟県）➡ 46 ページ

武田信玄（山梨県）➡ 55 ページ

今川義元（静岡県）

東海地方を支配した戦国大名。「海道一の弓取り（武士）」といわれたほどの大大名。

太宰治(青森県)

明治～昭和時代の作家。『津軽』『走れメロス』『斜陽』『人間失格』など数多くの名作をのこす。

宮沢賢治(岩手県)

明治～昭和時代の詩人・童話作家。代表作は童話『風の又三郎』『銀河鉄道の夜』、詩『雨ニモマケズ』など。

伊達政宗(宮城県)

最盛期には、東北地方の南半分を領土にした戦国大名。仙台城を築き、大大名として仙台を繁栄させた。➡ 17 ページ

野口英世(福島県)

明治～大正時代の医学者。幼い頃、大やけどをした経験から医学の尊さを知り、医者として医学の発展に尽くした。

渋沢栄一(埼玉県)

明治～大正時代の実業家。銀行や鉄道会社、ガス会社など、500社にのぼる企業の創立、育成にかかわり、日本の近代化に貢献した。

伊能忠敬(千葉県)

江戸時代の測量家・地理学者。50歳をすぎてから約16年かけて北海道から九州までを測量し、正確な地図づくりにとり組んだ。

源 頼朝(神奈川県) ➡ 41 ページ

日本の歴史人物 西日本編

毛利元就(広島県)
中国地方をおさめた戦国大名。3人の息子に、団結の大切さを伝えた「3本の矢の教訓」で知られる。

平賀源内(香川県)
江戸時代の学者・作家。西洋の学問を学び、国内で実用化させた。摩擦電気発生装置「エレキテル」が有名。

伊藤博文(山口県)
明治時代の政治家。明治維新後の新政府で政治改革にとり組み、日本の初代内閣総理大臣となった。

菅原道真(福岡県) ➡ 113 ページ

大隈重信(佐賀県)
明治〜大正時代の政治家。東京専門学校(のちの早稲田大学)を創立するなど、教育の充実に力を入れた。

福沢諭吉(大分県)
明治時代の思想家・教育者。慶應義塾大学の創立者。『学問のすすめ』など多くの本を書いて、人びとに近代文明を紹介した。

西郷隆盛、大久保利通
(鹿児島県) ➡ 124 ページ

柳田国男(兵庫県)

明治〜昭和時代の作家・民俗学者。民衆の生活のなかに伝わる文化を研究し、民話をまとめた『遠野物語』を発表した。

室生犀星(石川県)

明治〜昭和時代の詩人・小説家。『抒情小曲集』におさめられた「ふるさとは遠きにありて思うもの」という一節が有名。

島崎藤村(岐阜県)

明治〜昭和時代の詩人・作家。詩集『若菜集』、長編小説『破戒』『夜明け前』などが有名。

織田信長、豊臣秀吉、徳川家康(愛知県)

➡ 63 ページ

本居宣長(三重県)

江戸時代の国学者。古典文学をもとに、日本独自の文化や思想を研究した。

聖徳太子(奈良県) ➡ 79 ページ

陸奥宗光(和歌山県)

明治時代の政治家・外交官。幕末にむすばれた外国との不平等条約を改正するため力をつくした。

千利休(大阪府)

戦国時代の茶人。茶道の専門家として織田信長、豊臣秀吉につかえ、現代まで伝わる茶道の基礎をつくった。

板垣退助(高知県)

幕末〜明治時代の政治家。国民の政治参加や権利の拡大をめざした「自由民権運動」の指導者。

日本の世界遺産

世界遺産とは、ユネスコ（国連教育科学文化機関）がさだめる、人類共通の財産として守りたい文化や自然。日本にも 26 の世界遺産があるよ！

佐渡島の金山（新潟県）
2024 年に登録。独自の伝統的手工業による金生産システムをしめす。 ➡ 46 ページ

古都京都の文化財
（京都府・滋賀県）
徳川将軍家の京での拠点になった二条城など、かつての首都とその周辺にのこる伝統的な建築。 ➡ 71, 73 ページ

百舌鳥・古市古墳群
－ 古代日本の墳墓群 －（大阪府）
多数の古墳は、当時の高い技術力と、この地が政治・文化の中心だったことをしめす。 ➡ 75 ページ

「神宿る島」宗像・沖ノ島と関連遺産群（福岡県）
古代の信仰のあとがのこる沖ノ島の文化的伝統や遺跡など。

奄美大島、徳之島、沖縄島北部及び西表島（鹿児島県・沖縄県）
奄美大島のアマミノクロウサギ、西表島のイリオモテヤマネコなど、希少な固有種がのこる生物多様性が評価された。 ➡ 126 ページ

法隆寺地域の仏教建造物（奈良県）
写真の法隆寺や、同じ斑鳩町の法起寺などを世界最古の木造建築として指定。 ➡ 79 ページ

北海道・北東北の縄文遺跡群
(北海道・青森県・岩手県・秋田県)

青森県の三内丸山遺跡をふくむ、広い地域に点在する17の遺跡。北東アジアでの、古代の人びとのくらしぶりをしめす。 ➡ 12ページ

まだまだあるよ
日本の世界遺産！

ル・コルビュジエの建築作品 - 近代建築運動への顕著な貢献 －(東京都)

世界的建築家コルビュジエの、世界7か国にある建築作品。日本の国立西洋美術館の建物がふくまれる。

明治日本の産業革命遺産
製鉄・製鋼、造船、石炭産業
(福岡県・佐賀県・長崎県・熊本県・鹿児島県・山口県・岩手県・静岡県)

西洋ではじまった「産業革命」が日本へ伝わったことをしめす、日本各地の工場跡など。静岡県の韮山反射炉もそのひとつ。

➡ 113ページ

おわりに

日本の都道府県のこと、楽しく知ることができたかな？
みんながすんでいる町や知っている名所や名産品、聞いたことが
ある地名なんかも出てきて、ちょっとした旅行気分をあじわえたか
もしれないね。

じつは、この本に書ききれなかった見どころやおもしろいものが、
日本にはまだまだたくさんあるんだ。そして、そのうちのいくつかは、
きみのまわりにもあるかもしれない。たとえば、スーパーで見かけ
る食べものや品物は、遠くはなれた県から運ばれてきた、どこか
の町の特産品かもしれない。本や動画で見てお気に入りにした景
色は、むかしから愛されてきた名所かもしれない。どんなにはなれ
た土地でも、意外なところできみとつながっていたりするんだ。

今日からは、身のまわりにある都道府県を探してみよう！　きっと
日本の都道府県のことを、もっと知りたくなってくるよ！

監修者プロフィール

長谷川康男（はせがわ・やすお）

一般社団法人　初等教育研究会　常務理事

専門は社会科教育、生活科教育、"総合"教育。早稲田大学教育学部社会科卒業。千葉県の筑波大学附属小学校教諭、副校長、月刊『教育研究』編集長、明治学院大学心理学部教育発達学科准教授を経て現職。応用教育研究所評議員も兼ねる。「社会科」「生活科」「総合」の授業研究に携わり、現在は、子どもの学ぶ意欲や問題意識のもたせ方の研究を進めている。著書に『問題発見力のある子どもを育てる11の方法』（単著、学事出版）、『小学校社会科　授業づくりと基礎スキル』（単著、東洋館出版社）、『楽しく遊ぶ学ぶ　きせつの図鑑』（監修、小学館）、『新訂版　小学生になったら図鑑　入学準備から小学校生活までずっと役立つ366』（監修、ポプラ社）など多数。

主な参考文献

『オールカラー　楽しく覚える！　都道府県』長谷川康男監／ナツメ社
『オールカラー　マンガでわかる！　日本の地理』長谷川康男監／ナツメ社
『ポプラディア情報館　日本地理　第2版』保岡孝之監／ポプラ社
『ポプラディア情報館　都道府県別日本地理　北海道・東北地方』小松陽介・伊藤徹哉・鈴木厚志監／ポプラ社
『ポプラディア情報館　都道府県別日本地理　関東地方』小松陽介・伊藤徹哉・鈴木厚志監／ポプラ社
『ポプラディア情報館　都道府県別日本地理　中部地方』小松陽介・伊藤徹哉・鈴木厚志監／ポプラ社
『ポプラディア情報館　都道府県別日本地理　近畿地方』小松陽介・伊藤徹哉・鈴木厚志監／ポプラ社
『ポプラディア情報館　都道府県別日本地理　中国・四国地方』小松陽介・伊藤徹哉・鈴木厚志監／ポプラ社
『ポプラディア情報館　都道府県別日本地理　九州地方』小松陽介・伊藤徹哉・鈴木厚志監／ポプラ社

写真提供

一般社団法人東北観光推進機構、気仙沼市、男鹿なび、天童市、一般社団法人岐阜県観光連盟、公益社団法人和歌山県観光連盟、公益社団法人島根県観光連盟、一般社団法人山口県観光連盟、一般社団法人萩市観光協会、徳島県・一般財団法人徳島県観光協会、公益社団法人香川県観光協会、公益財団法人高知県観光コンベンション協会、福岡市、一般社団法人鹿児島市観光協会、一般社団法人高千穂町観光協会、農林水産省

表紙のクイズの答え

Q. 日本三名山といえば？
A. 富士山、白山、立山
Q. 日本で一番雪が積もった県は？
A. 滋賀県
Q. りんごの生産量トップの県は？
A. 青森県
Q. 恐竜の名前にもなった県は？
A. 福井県

どのページに
書いてあったか
わかるかな？

ぜんいち＆マイッキーとまなぶ
まいぜんシスターズの 都道府県

発　　行　　2025 年 3 月　第 1 刷

監　　修　　長谷川康男
編集協力　　株式会社かみゆ
デザイン　　株式会社ウエイド

発行者　　加藤裕樹
編　　集　　勝屋 圭
発行所　　株式会社ポプラ社
　　　　　　〒 141-8210 東京都品川区西五反田 3-5-8
　　　　　　JR 目黒 MARC ビル 12 階
　　　　　　ホームページ　www.poplar.co.jp
印刷・製本　中央精版印刷株式会社

本の感想をお待ちしております

アンケート回答にご協力いただいた方には、ポプラ社公式通販サイト「kodo-mall（こどもーる）」で使えるクーポンをプレゼントいたします。

014

※プレゼントは事前の予告なく終了することがあります
※クーポンには利用条件がございます

©MAIZEN 2025
ISBN978-4-591-18572-8　N.D.C. 291　143p　19㎝　Printed in Japan

落丁・乱丁本はお取り替えいたします。ホームページ（www.poplar.co.jp）のお問い合わせ一覧よりご連絡ください。

読者の皆様からのお便りをお待ちしております。いただいたお便りは監修者にお渡しいたします。

P4900401